Zur Kultur-und Mediengeschichte der Fotografie

Anonym: Guckkastenmann, 1843

Hans J. Scheurer

Zur Kultur- und Mediengeschichte der Fotografie

Die Industrialisierung des Blicks

DuMont Buchverlag Köln

Umschlagabbildung: George E. Lawrence: Mammoth Camera, ca. 1895. National Museum of American History, Smithsonian Institution, Washington, D. C.
Foto: Fotofolio, New York

CIP-Kurztitelaufnahme der Deutschen Bibliothek

Scheurer, Hans J.:
Zur Kultur- und Mediengeschichte der Fotografie:
d. Industrialisierung d. Blicks / Hans J. Scheurer. –
Köln: DuMont, 1987.
ISBN 3-7701-2108-2

Satz, Druck und buchbinderische Verarbeitung: Boss-Druck, Kleve

Printed in Germany ISBN 3-7701-2108-2

Inhalt

Einleitung

Am 7. Januar 1839 trat der französische Wissenschaftler Arago vor die Akademie der Wissenschaften, um seinen Kollegen von einer bis dahin unvorstellbaren Erfindung zu berichten. Sein Landsmann Daguerre und dessen Kompagnon Nièpce hatten ein technisches Verfahren entwickelt, mit dem das Licht »selbst« die Wirklichkeit »mit fast mathematischer Genauigkeit« aufzuzeichnen vermochte: »Herr Daguerre hat eine besondere Art von Platten erfunden, auf denen das optische Bild einen dauernden Eindruck hinterläßt, Platten, auf denen alles, was das Bild umfaßt, abgebildet wird bis zu den kleinsten Einzelheiten mit einer Exaktheit, mit einer Feinheit, die unglaublich ist.«[1] Aragos Begeisterung hat verschiedene Ursachen: Zum einen hat die Technik über die naturalistischen Ambitionen der malenden Zeitgenossen gesiegt. Das Ergebnis sind Bilder, die ihren ästhetischen Reiz aus ihrer technischen – und nicht künstlerischen – Perfektion erzielen.

Auch wenn Arago selbst die Tragweite der Erfindung nicht abzuschätzen vermochte, so ahnte er sehr wohl, daß dieses technische Verfahren schon bald massenhaften Zuspruch finden würde. Die Erfindung war so genial wie simpel, ihre Handhabung nach einer kurzen Instruktion jedermann einsichtig. Es war nicht nur ein neues Kunstmedium entstanden, sondern vor allem ein *Massen*medium. Bilder waren nicht nur massenhaft zu produzieren – sondern auch von den Massen selbst herzustellen. Die Industrialisierung hatte ihr optisch-technisches Kind geboren. Maschinen drangen nun erstmals in den Bereich der Bildproduktion vor.

Das Kunst-Handwerk mit seinen unzulänglichen Mitteln hatte ausgedient: Das Maschinenzeitalter bezog ab sofort seine Bilder nicht mehr von Künstlern, sondern aus der Maschine. Jedes Foto war besser als ein Gemälde, jeder Fotograf war ein besserer Künstler. Der Bilderbesitz, bis dahin ein Privileg, wurde endlich demokratisiert. Dieser Einschnitt in die Tradition der Bildherstellung ist bis heute aktuell: Die aufregend naturalistischen Bilder für die Massen, die diese sich selbst herstellen konnten, waren durch die Vervielfältigung keine Unikate mehr – zunächst durch die Reproduktion vom Negativ, dann durch die Drucktechnik und nicht zuletzt durch den Film und die elektronischen Medien, die ihm folgten. Mit der Erfindung der Fotografie traten die Entdecker des 19. Jahrhunderts eine Bilderlawine los, die bis heute noch an Wucht und Umfang zunimmt.

Neben die ästhetische Revolution, die diese Bilderflut aus der Maschine hervorgerufen hat, tritt folglich eine Veränderung der Bedeutung von Bildern an sich. Dies ist ein Aspekt, der in den wenigen theoretischen Überlegungen zur Fotografie bislang kaum eine Rolle gespielt hat - wie das Medium trotz seiner nachhaltigen Wirkung als solches bislang kaum gewürdigt wurde. Die Gründe hierfür sind vielschichtig: Zum einen ist die Fotografie lediglich ein Übergangsmedium. Mediengeschichtlich verliert sie sich im bewegten Bild auf der Leinwand und der Mattscheibe. Die Fotografie ist nur ein Baustein für die Medien des 20. Jahrhunderts, was erklärt, daß es heute zwar eine Filmtheorie und -kritik gibt, die Fotografie aber weder theoretisch und historisch noch künstlerisch entsprechend reflektiert wird.

Verantwortlich sind aber auch die medialen Eigenschaften sowie das gesamte Erscheinungsbild der Fotografie. Beide stehen in Widerspruch zu den theoretischen Ansätzen und Ansprüchen einer künstlerischen Produktion. Kunstproduktion war immer elitär, niemals populär. Bestimmt wurde sie von einem politisch und sozial genau zu umreißenden Personenkreis. Im Gegensatz dazu wird das Massenfoto für eine diffuse Gruppe von Rezipienten gefertigt, die nur schwerlich genaue soziale Konturen erkennen läßt. Die Bedeutung des Massenfotos liegt also, im Gegensatz zum einmaligen Gemälde, nicht nur im Ästhetischen. Sowohl das mediale Innenleben als auch das massenhafte Auftreten der technisch gefertigten Bilder, das mit ihrer Kommerzialisierung einhergeht, bestärken die Annahme, daß es sich hier nicht um Kunst, sondern eher um die triviale Medienform handelt, die keiner ernsthaften Reflexion bedarf.

Besonders in den letzten Jahren hat man versucht, das Gegenteil nachzuweisen und das theorie- und fotohistorische Defizit aufzufüllen. So wurde vor allem auf die künstlerischen Leistungen des Mediums verwiesen. Es hat eine Reihe umfangreicher Ausstellungen, Kataloge und Essays gegeben, die dieses ungeschriebene Kapitel der Fotogeschichte als eines der Kunstgeschichte zu rekonstruieren versucht haben.

Gerade in den Untersuchungen über die Beziehung zwischen Malerei und Fotografie wird die Absicht derartiger Rekonstruktionen am deutlichsten.[2] Indem man die Fotografie an anderen etablierten künstlerischen Produktionsformen mißt – sie hält diesen im Vergleich durchaus stand – will man ihr das Odium der Trivialität nehmen. Solche Untersuchungen liefern die Legitimation für die kunsthistorische Aufarbeitung des Mediums bzw. desjenigen Teils der fotografischen Bildproduktion, den man als künstlerisch hochwertig einstufen kann. Unberücksichtigt bleibt aber weiterhin der Trivialbereich, der besonders zur Abgrenzung der Kunstproduktion dient. Die Kommerzialisierung der Fotografie wird noch immer wie ihr Sündenfall rezipiert, der Gebrauchswert und -zusammenhang des Mediums wie eine drückende Erblast. Gerade hier will dieses Buch ansetzen und einige Diskussionsbeiträge liefern.

Ändert man nämlich den Blickwinkel und fragt nicht nach den ästhetischen Leistungen, sondern nach sozialen Ursprüngen und Folgen der Erfindung, dann kann es nicht mehr darum gehen, Fotografie trotz dieser Trivialität ernsthaft zu behandeln, vielmehr gerade wegen ihr, sie also »gegen ihren eigenen Willen ernst zu nehmen«, wie Adorno es von den Gütern der Kulturindustrie gefordert hat.[3] Die Ernsthaftigkeit der Untersuchung darf sich nicht mehr allein damit legitimieren, daß Fotos in Museen hängen, sondern auch damit, daß sie am Kiosk ausgestellt sind. Von Interesse ist nicht nur, daß sie einmalige Kunstwerke darstellen, vielmehr auch, daß sie *massenhaft* auftretende Bilder und damit auch Medien von gesellschaftlicher Relevanz sind. Die umfassende Bebilderung der Welt, die ja erst mit den technischen Bildmedien möglich geworden ist, hat so gravierende Veränderungen in der Wahrnehmung und im Bewußtsein herbeigeführt, daß die künstlerische Produktion, was ihre soziale Relevanz (keineswegs ihr ästhetisches Niveau) angeht, verblaßt.

Fotografie als technisches Massenmedium bricht in vielerlei Hinsicht aus der Tradition der bisherigen Bildproduktion aus. Die Apparatur, die Gesetze von Physik und Chemie engen den Aktionsradius des mit der Fotografie arbeitenden Künstlers stark ein – vergleicht man dies z.B. mit den gestalterischen Möglichkeiten der Malerei. Die Konditionierung durch das Medium ist bei der Fotografie umfassender, als dies bei allen anderen künstlerischen Techniken zuvor der Fall war. Doch der Bruch setzt sich auch auf einer anderen Ebene fort: Die technische Reproduzierbarkeit, die Einfachheit des Prozesses, seine Schnelligkeit und auch seine geringen Produktionskosten verweisen auf die Bedeutung der Fotografie als *Massen*medium. Als solches steht es in der Tradition einer

Bildkultur der Massen. Um überschauen zu können, welchen Rang die junge Fotografie in dieser Bildkultur einnimmt, müssen Vergleiche angestellt werden: Welche visuellen Massenmedien gab es, bevor die Massen in den Besitz technischer Bildmedien kamen? An welchen Orten kam das Volk mit Bildern in Berührung? Wie waren diese Bilder geartet, und auf welche Rezeption hoben sie ab?

So begibt sich dieses Buch an Orte der Massenkultur und -rezeption, die bislang nicht in Zusammenhang mit einem technischen Bildmedium gebracht wurden, die aber wichtige Informationen über den Umgang der Massen mit ihren Medien und über die Vorgeschichte des technischen Massenmediums Fotografie liefern können. Es geht daher weniger um eine Kunstgeschichte als vielmehr um eine Kulturgeschichte des Mediums, seine Einbettung in die ästhetischen und sozialen Bedingungen der Zeit.

Es ist also nur konsequent, wenn sich diese Arbeit nicht mit einzelnen Bildleistungen auseinandersetzt, sondern versucht, die gesellschaftlichen Bedingungen für den Erfolg der Erfindung einerseits und den Erfahrungshunger der Rezipienten, der mit Bildern gestillt werden sollte, andererseits zu beschreiben. Dabei geht dieses Buch weder rein soziologisch noch rein historisch deskriptiv vor. Mit seinen Thesen kreist es das Thema ein, versucht von ständig neuen Blickwinkeln aus das Medium selbst, sein gesellschaftliches Umfeld und seinen Gebrauch zu skizzieren. Daher müssen immer wieder Querverbindungen zu anderen Medien – vorindustriellen, wie dem Panorama, oder späteren, wie dem Film – gezogen werden. Was anfangs wie die Ansammlung einzelner Mosaiksteine erscheinen mag, läßt am Ende die Umrisse einer (unvollständigen) Beschreibung der Eigenschaften und Wirkungen reproduzierbarer Bilder und deren Geschichte erkennen.

Zentral in dieser Analyse und Geschichte der massenhaft produzierten Bilder ist der Wechsel von der nichtindustriellen Gesellschaft zur Industriegesellschaft, von der statischen zur dynamischen Gesellschaft. Mit der Industrialisierung revolutionierten sich nicht nur die Produktionsformen, sondern die gesamten Lebensumstände und mit ihnen die Wahrnehmungsweisen. In diesen veränderten Prozeß der Wahrnehmung integrierte sich die Fotografie als erstes technisches Medium. Ihr segmentarischer Blick, ihre Eigenschaft, mit den Ausschnitten die Zusammenhänge zwischen diesen zu eliminieren bzw. ganz neue herzustellen, entspricht der allgemeinen Industrialisierung der visuellen Wahrnehmung, die im

19. Jahrhundert mit der Erfindung der Fotografie zwar nicht begann, aber ihre maßgeblichsten Impulse erhielt.

Der »Blick«, so könnte man annehmen, entzieht sich natürlich dem gesellschaftlichen Einfluß, er ist nicht zu »industrialisieren«. Und trotzdem, dies wird die Untersuchung zeigen, bricht mit den technischen Bildmedien nicht allein eine neue Quantität der Bildproduktion und -rezeption an, sondern vor allem auch eine neue Qualität, die auf das Bewußtsein der Rezipienten abzielt und die mit der zunehmenden Vergesellschaftung natürlicher Eigenschaften einhergeht. Die Wahrnehmung wird so verändert, daß die Medien nicht mehr nur Erfahrungen vermitteln, sondern vielmehr Bewußtseinszustände erzeugen. Dabei wird die Gesellschaft zur zweiten Natur, das gesellschaftliche Bewußtsein zum natürlichen.

Dieser veränderte Blick ist wesentlich von einer Potenzierung der visuellen Reize bestimmt. Die Industrialisierung hat nicht nur das Warenangebot ins Unendliche streben lassen, sondern auch die Wahrnehmungsmöglichkeiten. Wie die Waren keine Rücksicht auf die Bedürfnisse der Konsumenten nehmen, so berücksichtigen die ausufernden Wahrnehmungsmöglichkeiten die Wahrnehmungsfähigkeit der Rezipienten nicht. Die Rezeption wird oberflächlich. Die Zusammenhänge (und damit das Begreifen) lösen sich vom visuellen Erscheinungsbild. Diesen Prozeß wird das Buch an einigen Beispielen exakter zu beschreiben versuchen. Speziell in der zusammenhanglosen Addition visueller Reize entspricht die Fotografie der veränderten Wahrnehmung in der Zeit der frühen Industrialisierung. Die Massenhaftigkeit der Bilder verändert ihren Stellenwert: In der vorindustriellen Bildertradition sind sie immer auch als Bildungsinstanzen verstanden und eingesetzt worden. Mit den massenhaft verbreiteten und massenhaft rezipierten Fotografien wird dies nun unmöglich.

Alle Frühmedien, alle Vorformen der Fotografie strebten die Perfektionierung der illusionistischen Wirkung an. Durch die Illusion wollte man neue, fremde Erfahrungsräume öffnen, den Betrachter aus dem Alltag herausführen, der entweder ländlich eintönig oder in bislang unbekannter Härte ausbeuterisch war. Mit den technischen Bildern der Fotografie gelang erstmals eine solche Perfektionierung der Illusion, die nicht mehr allein im exakten Reproduktionsverfahren begründet ist, sondern vor allem in der Veränderung des Wertes einzelner Bilder. Mit der Fotografie wurden Bilder konsumierbar – zum einen sind sie massenhaft und billig, zum anderen zersetzt ihr segmentarischer Blick die Zusammenhänge. Die Wahrnehmung der Bilder, die bislang auf »Erfahrung« abzielte, löst sich folglich in diffusen »Eindrücken« auf. Insofern markiert die Fotografie nicht nur einen Endpunkt in der Entwicklung vorindustrieller Massenmedien, sie stellt gleichzeitig auch den Übergang zu den Medien des 20. Jahrhunderts her, indem sie deren Wahrnehmungsweisen einübt. Die visuellen Medien, die Adorno und Horkheimer unter die »Kulturindustrie« einordnen, basieren auf eben den Wandlungen, die das Bild mit der Fotografie durchschritten hat. »Die Industrialisierung geistiger Erzeugnisse im großen begann nicht beim Film. Der Film fügt sich jedoch in diese allgemeine Entwicklung ein.«[4]

Insofern unternimmt dieses Buch den Versuch, die Fotografie im Kontext der Kulturindustrie zu sehen, also auch ins 20. Jahrhundert hinüberzuleiten, wo die Bilder nicht mehr auf Papier, Zelluloid oder Mattscheibe, sondern als perfekte Inszenierung in den Köpfen der Rezipienten entworfen werden. Den Produkten der Kulturindustrie gelingt, was im 19. Jahrhundert angestrebt, aber nur unzulänglich erreicht wurde: die illusionistische Wirkung der bildhaften Darstellung so zu erhöhen, daß die Grenzen zwischen Illusion und Realität verschwimmen. Dieses scheinbar unerreichbare Ziel ist mit der Projektion der Bilder in den Köpfen der Rezipienten Wirklichkeit geworden. Das Unbewußte sickert ins Bewußtsein ein. Es wäre also nachzuprüfen, inwieweit Adornos und Horkheimers These vom Übergreifen der industriellen Produktion auf die Bewußtseinsbildung mit der Fotografie vorweggenommen oder eingeleitet wurde. Dabei müßte die bisherige Fototheorie um diesen bislang nicht beachteten Aspekt erweitert werden.[5]

Das Foto ist ebenso ein technisches wie ein ästhetisches Produkt. Neu und maßgeblich ist aber, daß mit der Fotografie der Blick technisch eingefangen, das Sehen über die Technik vermittelt wird. Wenn also Rückschlüsse auf die Veränderung des Sehens und der Wahrnehmung gezogen werden sollen, müßte das Zentrum dieses Umwandlungsprozesses, die Kamera, untersucht werden. Der italienische Künstler Ugo Mulas hat dies mit den Mitteln der Fotografie in vierzehn Schritten, vierzehn »verifiche« beispielhaft vorgeführt und dabei die Möglichkeiten und Grenzen des Mediums zu umreißen versucht.[6] Seine Vorgehensweise, den Blick auf technische Details zu richten und dadurch zu Aussagen über das Medium an sich zu gelangen, war Anregung, die Kamera und ihre Bestandteile (und damit die Bruchstelle zwischen natürlichem Sehen und dessen technischer Umwandlung) als einen Ausgangspunkt für eine mediale Analyse der Fotografie zu wählen. Es geht bei diesem Exkurs nicht darum, mit der Untersuchung der fotografischen Technik eine Technikgeschichte des Mediums neu zu schreiben. Vielmehr sollen, von der Beschreibung technischer Eigenschaften ausgehend, Hinweise auf deren ästhetische und soziale Relevanz möglich werden.

Aber die Fotografie wird nicht allein von ihren medienimmanenten Eigenschaften bestimmt. Als Industrieprodukt ist sie jenseits aller ästhetischen und künstlerischen Ambitionen zunächst eine Ware. An einer Fallstudie wird der Warencharakter des fotografischen Bildes beschrieben, der die gesellschaftliche Relevanz der Fotografie wesentlich geprägt hat.[7] Weil es hier noch relativ gut zu überschauen ist und weil hier die Weichen für die Kommerzialisierung der Fotografie gestellt wurden, wurde ein Beispiel aus dem 19. Jahrhundert gewählt, an dem sich gezieltes »Marketing« für die Fotografie rekonstruieren läßt. Die beiden Fotografennamen Nadar und Disdéri stehen für zwei ganz unterschiedliche Marktstrategien, die genauer untersucht werden sollen. In der Überreaktion der Fotografen auf die Marktbedürfnisse läßt sich ein recht scharf umrissenes Bild dieser Nachfrage zeichnen: Die Ware Fotografie wird so zum Spiegel der gesellschaftlichen Umstände, unter denen sie produziert wurde. Die Untersuchungen der medialen Eigenschaften wie der gesellschaftlichen Bedingungen, unter denen sich die Fotografie als Massenware im 19. Jahrhundert etablierte, führen zu weiteren Analysen, die bis ins 20. Jahrhundert hineinreichen, in dem das Foto seinen Betrachtern vornehmlich als Zelluloidbild im Kino oder als elektronisches Bild auf der Mattscheibe entgegenflimmert.

Angesichts der bislang im wesentlichen eingleisig geführten Fotodiskussion, bei der stärker auf die ästhetischen Leistungen des Mediums abgehoben wurde, kann dieses Buch lediglich auf eine Lücke in der Auseinandersetzung mit Fotografie hinweisen, ohne diese vollständig zu füllen. Es will als ein Vorschlag verstanden werden, die Diskussion auf breiterer Basis weiterzuführen und sich dabei interdisziplinär der Fotografie zu nähern. Ein erhebliches Problem bei der Arbeit an diesem Buch bestand folglich in der Grundlagenrecherche; die wenige Literatur zum Thema berührt diese Fragen oft nur in Randbereichen.

Trotzdem gibt es eine kleine Anzahl von Publikationen, die Ausgangspunkt der Überlegungen waren. Neben Siegfried Kracauers Texten zur Fotografie, in denen der Hinweis auf die Entwicklung von der Fotografie zum Film enthalten ist und die Fotografie als ein Übergangsmedium eingestuft wird,[8] und neben Walter Benjamins Essay über »Das Kunstwerk im Zeitalter seiner technischen Reproduzierbarkeit«, in dem erstmals eine kunstgeschichtliche Analyse in die Untersuchung des Trivialen, des »Entauratisierten« einmündet,[9] gehören Susan Sontags Aufsatzsammlung »Über Fotografie«[10] und vor allem Gisèle Freunds Buch »Photographie und Gesellschaft«[11] zu den wichtigsten Arbeiten, die den Bezug zwischen fotografischer Praxis und gesellschaftlichem Umfeld zu erhellen versuchen. Gisèle Freund war die erste, die überhaupt auf ein solches Untersuchungsgebiet hingewiesen hat. Vor allem ihr Ansatz, daß eine veränderte Gesellschaft nach neuen ästhetischen Ausdrucksformen verlangt, wird in diesem Buch aufgegriffen, auch wenn meine Analyse zu anderen Ergebnissen kommt.

In ihrem Versuch, die Fotogeschichte aus einer anderen Perspektive als der rein künstlerischen oder nur technischen zu betrachten, kann sich Gisèle Freund nämlich von dem bis heute anhaltenden Legitimationsanspruch fototheoretischer Texte nicht ganz befreien. Von ihr stammt die zweifelhafte Aufspaltung der frühen Fotoproduktion in Kunst- und Kommerzfotografie, die exemplarisch haltbar sein mag, jedoch den Blick auf die medialen Eigenschaften und auf den Warencharakter der Fotografie mit einer falschen Wertigkeit versieht. Obwohl Freund bemüht ist, das Medium Fotografie in seinem gesellschaftlichen Kontext zu reflektieren, wird die Vereinnahmung des Mediums durch die Massenbedürfnisse nicht als gesellschaftliche Konsequenz, sondern lediglich als Verlust an ästhetischem Niveau rezipiert. Dieses Mißverständnis hat sich in der fotografischen Geschichtsschreibung bis heute fast ungebrochen fortgesetzt. Ihre negative Bewertung der Massenhaftigkeit und Kommerzialisierung orientiert sich am ästhetischen Verfall und nicht am Grad der Bewußtseinsveränderung, den die Bilderflut hervorruft. So entsteht der Eindruck, Qualität und künstlerisches Niveau einzelner Arbeiten könnten diesen Prozeß aufheben, die politisch fortschrittliche Wirkung von Bildern könnte mit dem politischen Anliegen ihrer Autoren zunehmen.

Hier wird die Betrachtungsweise tatsächlich zu eng auf die Einzelleistungen der Fotografie bzw. einzelner Fotografen beschränkt, ohne auf deren Wirkung im Kontext der Massenmedien einzugehen.[12] Daß sich die Fotogeschichtsschreibung bis heute schwertut, Freunds These zu verifizieren oder zu revidieren, kennzeichnet deren ausgeprägte Genügsamkeit im Faktischen, das bereitwillig in die vorgegebenen Kategorien von künstlerisch wertvoller und trivial erläßlicher Fotografie geordnet wird. So ist die Zunahme fundierter fotohistorischer Untersuchungen bislang leider nicht dazu genutzt worden, die Tauglichkeit der gängigen theoretischen Modelle in diesem Bereich zu hinterfragen. Die Mängel von »Photographie und Gesellschaft« scheinen mir teilweise im Thesengerüst der Autorin zu liegen, zum anderen aber im Ausbleiben einer kritischen Rezeption ihrer Thesen.

Während Gisèle Freund historisch-analytisch vorgeht, arbeitet die Schriftstellerin Susan Sontag essayistisch und streckenweise bewußt unwissenschaftlich. Trotzdem gehört ihr Buch »Über Fotografie« gerade wegen seiner unorthodoxen Vorgehensweise zu den anregendsten Reflexionen über das Medium Fotografie. Besonders deutlich wird die von Susan Sontag eingenommene Position in dem Aufsatz »In Platos Höhle«[13], in dem sie in polemischer Schärfe auf den gesellschaftlichen Gebrauch der Massenbilder eingeht. Mit dem Hinweis auf Plato begibt sie sich in kritische Distanz zu den naiv-optimistischen Einschätzungen der Fotografie: Die fotografischen Bilder (und nicht nur sie) stellen sich vor die Wirklichkeit, werden zu einem Ersatz und können als Ersatzwirklichkeit keine wirklichen, sondern nur Ersatzerfahrungen vermitteln.

Dabei addiert sie penibel die negativen Charakterzüge des Mediums, seine Oberfläche ohne Tiefe, seine Ausschnitthaftigkeit in Raum und Zeit, seine Tendenz, zu inventarisieren und zu kontrollieren. Sie verweist auf den Versuch, mit Bildern die Lektüre zu ersetzen, durch Zeigen also das Begreifen zu ersetzen, was eben wegen der puren Oberfläche der fotografischen Bilder nicht funktionieren kann. »Die ›Realität‹ der Welt liegt nicht in ihren Abbildern, sondern in ihren Funktionen. Funktionen sind zeitliche Abläufe und müssen im zeitlichen Kontext erklärt werden. Nur was fortlaufend geschildert wird, kann von uns verstanden werden.«[14] Gerade dieses Verstehen verhindert das Foto aber.

Das Phänomen, daß sich die Wirklichkeit durch das Foto nicht erfahren läßt, bringt Susan Sontag mit dem massenhaften Auftreten der Fotos und der massenhaften Sucht nach ihnen zusammen, die sie als eine Form »geistiger Verseuchung« klassifiziert: »Eine Erfahrung zu machen, wird schließlich identisch damit, ein Foto zu machen, und an einem öffentlichen Ereignis teilzunehmen, wird in zunehmendem Maß gleichbedeutend damit, sich Fotos davon anzusehen.«[15] Die Ersatzwelt wird der realen Welt vorgezogen, dem Fotokonsumenten geht es wie den Gefangenen in Platos Höhle, die nach jahrelanger Gefangenschaft Realität und Schattenwelt nicht mehr voneinander zu trennen wissen und die Schatten für die realen Erfahrungen halten, ohne zu berücksichtigen, daß diese erst von realen Dingen entworfen werden.

Auch wenn Susan Sontags Argumentation hier nur angedeutet werden kann, so zeigt diese Skizze bereits, wie ungewöhnlich ihre Einschätzung und Vorgehensweise verglichen mit der anderer Theoretiker ist. Indem sie (zumindest in diesem Essay) nicht auf einzelne künstlerische Leistungen eingeht, sondern den Umgang mit Fotos ganz allgemein reflektiert, befreit sie sich ganz davon, künstlerische Legitimation gewähren zu wollen, und kann sich mehr auf Handhabung und Wirkung fotografischer Bilder konzentrieren. Die Essayform, die Susan Sontag für ihre kritische Bestandsaufnahme gewählt hat, verzichtet zwar auf lange historische Exkurse, Quellenstudium und Fußnoten, wodurch die Argumentation oft unzulässig knapp wird. Ein Prozeß wie der, daß Fotos Erfahrung verhindern können, der recht komplex und vielschichtig ist, wird von ihr nur angerissen und bleibt als These stehen. Ihre barsche Kritik an der Fotografie müßte eine Provokation sein, über die Beschreibung der medialen Eigenschaften zu einer differenzierteren Analyse zu gelangen – auch wenn diese letztlich nicht viel positiver ausfallen kann.

Weitaus deutlicher wird der Prozeß der Verbilderung, den Susan Sontag zu beschreiben versucht und der unablösbar mit der Ausweitung der Massenmedien verbunden ist, bei Günther Anders analysiert. Im zweiten Band seines Buches »Die Antiquiertheit des Menschen«, worin sich Anders mit der »Zerstörung des Lebens im Zeitalter der dritten industriellen Revolution« beschäftigt, postuliert er, daß Bilder zur »Hauptkategorie unseres heutigen Seins« geworden sind: »Früher hatte es Bilder in der Welt gegeben, heute gibt es ›die Welt im Bild‹, richtiger: die Welt *als* Bild, als Bilderwand, die den Blick pausenlos fängt, pausenlos besetzt, die Welt pausenlos abdeckt.«[16] Dabei beschreibt er nicht nur die Symptome, an denen Susan Sontag ihre Kritik festmacht, sondern führt einen ganzen Katalog von Ursachen und Wirkungen auf, die mit der Verbilderung der Welt einhergehen. Die reale Erfahrung wird ersetzt durch die Erfahrung mittels »Schein und Phantom«, die es letztlich unmöglich werden läßt, Realität und Schein voneinander zu trennen. »Wenn die Bretter (die angeblich die Welt bedeuten) wie die Welt selbst aussehen, dann verwandelt sich die Welt auch in ›Bretter‹, also in ein bloßes *spectaculum*, das nicht ernst genommen werden braucht.«[17]

Günther Anders dehnt diese Beobachtungen immer weiter aus und konstatiert, daß der Rezipient mit dem Einbrechen der Bilderflut zunehmend passiv wird, daß er sich in das Angebot der Phantome einlebt und sich seine Realität nach dem Vorbild des »Spektaculums« einrichtet. Damit werden Bilder, einstmals Bildungsinstanzen, zu Transportmitteln der Verdummung und Indoktrination, weil Scheinerfahrung auch immer eine harmlose Erfahrung ist, die keine Konsequenz kennt.

Diese Thesen, die in die Theorie industrieller Bewußtseinsproduktion, in die Überlegungen zu einer »Kulturindustrie«, einmünden, sind von der Fototheorie bislang nicht aufgenommen worden. In ihrer vernichtenden Kritik würden sie die Ohnmacht des Fotografen wie die des Fotorezipienten offenbaren, dem die Bilderflut die Wahrnehmung des Bildes an sich unmöglich macht. Die Rudimente künstlerischer Produktion, die in der bisherigen Theorie immer hervorgehoben wurden, sind von der Medienentwicklung de facto relativiert worden. »›Von den alten Antennen‹, heißt es bei Brecht, ›kamen die alten Dummheiten. Die Weisheiten wurden von Mund zu Mund weitergetragen.‹ Und selbst neue Weisheiten können dadurch, daß sie wie alte Dummheiten von neuen Antennen ausgestrahlt werden, zu alten Dummheiten werden.«[18] Der Gehalt des einzelnen Bildes ist durch die Bilderflut geschrumpft. Die Rezeption der Fotografie verwandelt sich zusehends von einem ästhetischen in einen politischen Prozeß. Günther Anders hat in seiner Analyse der Verbilderung der Welt den Endpunkt einer Entwicklung beschrieben, die mit der Verbreitung der Fotografie ihren Anfang genommen hatte.

Die hier berücksichtigten Texte waren weniger Grundlage der folgenden Analyse, als vielmehr Ansporn, anders über Fotografie nachzudenken, sie nicht allein als Kunstmedium zu rezipieren, sondern als wichtige Bruchstelle der Mediengeschichte. Eine Bruchstelle, die entsteht, weil mit der Fotografie die industrielle Produktion erstmals dazu anhebt, Bewußtseinszustände herzustellen. Dabei geht es nicht allein um die Veränderung der Wahrnehmung im Umfeld der Industrialisierung, sondern auch um den Bedeutungsschwund dessen, was als Bild wahrgenommen wird.

I Bildkultur und Erfahrungshunger – Anmerkungen zur Kulturgeschichte der Massenmedien

Die kunsthistorischen Untersuchungen des Mediums Fotografie haben Fotos immer im Kontext zeitgenössischer Kunstproduktion gesehen; es wird dabei also die Fotografie mit der Malerei verglichen. Daß derartige Gegenüberstellungen stilgeschichtlich durchaus aufschlußreich sein können, haben zahlreiche Analysen der letzten Jahre ergeben. Der eigenen Wertigkeit fotografischer Bilder hat man sich auf diesem Weg allerdings nicht nähern können. Fotografie und Malerei unterscheiden sich nicht nur durch ihre Arbeits- und Wiedergabetechniken, als *technisches* Massenmedium basiert die Fotografie auf ganz anderen Vorläufern als die Malerei. Sie steht in der Tradition trivialer Vermittlungsformen, was durch den Kreis ihrer Benutzer bestimmt wird. Fotografie war niemals elitär, sie hat immer auf die Bedürfnisse der Massen reagiert, kommt daher auch nicht aus der Überlieferung der klassischen Kunstmedien, sondern markiert vielmehr den Übergang von handwerklichen, vorindustriellen Massenmedien zu denen des Industriezeitalters.

Diese Traditionslinie der Fotografie müßte zunächst einmal freigelegt werden, um verstehen zu können, warum das neue technische Medium Fotografie im 19. Jahrhundert einen derartigen Massenerfolg haben konnte, welche älteren Massenmedien von ihm abgelöst oder in ihrer Wirkung verbessert wurden. Dabei spielen der Erfahrungshunger und das Informationsdefizit breiter Bevölkerungsschichten eine wesentliche Rolle, denn Massenmedien waren immer Surrogat für vorenthaltene oder unerreichbare Informationen und Erfahrungen.

Um die Vorläufer des Massenmediums Fotografie kennenzulernen, muß man zunächst die bekannten Untersuchungsorte der Kunstgeschichte verlassen und die Orte der Massenbegegnung aufsuchen, wozu auch die Bereiche religiöser oder trivialer Kultur gehören – die Orte, an denen dem Erfahrungsdefizit breiter Bevölkerungsschichten durch den Einsatz von Medien begegnet wurde.

Die statische Gesellschaft als Entstehungsort des Erfahrungshungers

Die Bildkultur der vorindustriellen Gesellschaft ist eine völlig andere als die der industrialisierten. In der statischen und in der dynamischen Gesellschaft entstanden ganz verschiedene Bedürfnisse nach Erfahrung, zu deren Befriedigung Bilder in ihren unterschiedlichsten Erscheinungsformen eingesetzt wurden.

Zu einer Zeit, da das Leben als Kulturform nur eng begrenzte soziale Schichten erreichte, spielten Bilder eine dominante Rolle, um auch im Lesen ungeübte Bevölkerungsschichten mit Informationen zu versorgen. Diese Informationen standen zunächst nicht unter den Gesetzen der Aktualität. In einer Welt, in der es kein dichtes Kommunikationsnetz gab und politische Entscheidungen meist nur regionale Bedeutung hatten, beschränkte sich die Informationsübermittlung auf die Festschreibung allgemeingültiger Verhaltensregeln. Und auch diese wurden zunächst nicht als Bilder übermittelt, sondern in einer *bildhaften Sprache.* Anfang des 19. Jahrhunderts hatten in Deutschland ca. 50 Prozent der Bevölkerung noch keine Gemälde gesehen - sieht man von den Schmuckbildern in der Kirche oder den Liedertafeln auf dem Jahrmarkt einmal ab.[19]

Hinzu kommt, daß der Analphabetismus in Deutschland erst Ende des 19. Jahrhunderts langsam eingedämmt wurde. Schulpflicht herrschte in Deutschland durch ein entsprechendes Edikt bereits seit dem 18. Jahrhundert. Es dauerte aber bis zum Ende des 19. Jahrhunderts, bis diese Pflicht soziale Realität wurde. Dies lag zum einen daran, daß die Feudalherren und später die bürgerlichen Politiker zu wenig Schulen gebaut haben, zum anderen aber daran, daß die extensiv betriebene Industrialisierung Kinderarbeit erforderlich machte. »1814 zählt Aachen, damals hinter Köln die bedeutendste Stadt im Rheinland, bei einer Bevölkerung von 30130 Einwohnern 4800 schulpflichtige Kinder, von denen jedoch nur 1585, also nicht einmal ein Drittel, irgendeinen Unterricht erhalten. Eine Generation später sind in Aachen, nach dem Regierungsbericht von 1841, noch 3700 Kinder wegen Schulmangels ohne jeden Unterricht ... erst 1861 entspricht die Größe der Schulen der Zahl der schulpflichtigen Kinder. Indessen werden auch 1867, vornehmlich wegen der Fabrikarbeit von Kindern, noch 11000 Schulversäumnisse registriert.«[20]

Aber auch der Kontakt zu Bildern, speziell auf dem Land, blieb stark beschränkt. Die bildhafte, ausschmückende Erzählung bemühte sich, den Mangel an Bilder- und Lesekultur auszugleichen. Die Bibel, oft das einzige Buch im Haus, wurde eher mündlich als durch Lektüre vermittelt. Analphabetismus und Bildungslosigkeit bestimmten die literarische Form dieses recht komplexen Moralkodexes. Er überliefert sich in beispielhaften Begebenheiten, die jegliche Abstraktionen vermeiden. Menschliches Handeln und seine moralischen Konsequenzen werden wiederum in Szenen und Aktionen ausgeschmückt, die sich als Episoden gut erzählen lassen. Aber diese Vermittlung kannte auch bereits fortgeschrittene Formen: zum Beispiel den Kreuzweg, die biblische Geschichte vom Tode Jesu. Hier geht die bildhafte Erzählung bereits zu einem großen Teil in bildhafte Darstellung über. Fortgeschritten ist sie vor allem, weil sie den Versuch unternimmt, in einer Sequenz, also in Bild*folgen,* Handlung zu erfassen.

Dabei ist der Kreuzweg eine »mediale« Mischform: Um die Bildsprache von ihrer Unzulänglichkeit zu befreien, muß das Dargestellte mit der mündlichen Überlieferung, meist in Gebetsform, erklärt werden. Die Rezeption der Leidensgeschichte geschieht nicht allein über die Betrachtung der Bilder und die Rezitation von Gebeten; der Kreuzweg als fortschrittliches Medium geht insofern weiter, als der Rezipient sich in die Hauptperson einfühlen kann: Indem er die Stationen des Kreuzweges abschreitet, wird ihm Jesus zur Identifikationsperson. Wie dieser muß der Rezipient von Leidensstation zu Leidensstation wandern. Die Rezeption basiert also weniger auf meditativer Verinnerlichung, wie dies zuvor im Gebet geschah, sondern auf Konkretion, auf unmittelbarer Nähe zum Geschehen, das durch das Nachspielen direkt erfahrbar wird. Hier tauchten also schon recht früh in der Geschichte der Massenmedien Präsentations- wie Rezeptionsformen auf, die auch für die technischen Massenmedien charakteristisch sind: hohe Konkretion und große Akzeptanz bei breiten Rezipientenschichten durch bildliche Anschaulichkeit.

Biblische Erzählungen und Volkssagen (die nicht einem religiösen, sondern einem mythologischen Umfeld entstammen) sowie Märchen waren innerhalb der statischen Gesellschaft die wichtigsten Quellen, um mit einer fremden, ansonsten unerfahrbaren Welt in Berührung zu kommen und boten den Massen die einzige Möglichkeit, den Wunsch nach Erfahrungen zu befriedigen. Diese frühen Quellen der Weltaneignung wiesen über den beschränkten Rahmen der dörflichen Kultur hinaus, und das in einer Art und Weise, die dem mangelhaften Bildungspotential entsprach. Bildkultur und Medien der Massen waren also immer populär, niemals elitär und können ihren Ursprung folglich nicht in den tradierten Kunstformen haben.

Diese Regel wird von wenigen Ausnahmen durchbrochen. Es gibt einige Beispiele dafür, daß eine elitäre Form wie das Buch unter bestimmten Voraussetzungen durchaus eine Massenwirkung erzielen konnte. Zu nennen wäre das »Narrenschiff« von Sebastian Brant, das 1494 in Basel erschienen ist und bis Goethes »Werther« neben der Bibel das auflagenstärkste Buch blieb. Anhand des populären »Narrenschiffes« könnte man versuchen, den Umgang der Massen mit derartigen Medien zu erhellen. Ähnlich wie in der bildhaften Sprache der Bibel verzichtet auch das »Narrenschiff« auf jede Abstraktion. Es erzählt Episoden - und verbindet dabei moralische Belehrung mit Zeitkritik, doch geschieht dies hier in der Form der Satire, es verknüpft also Unterhaltung und Belehrung. Außerdem fehlt eine stringente Erzählung. Das Buch, das uns heute als eine geschlossene künstlerische Form erscheint, ist durch ein Nebeneinander von einzelnen Geschichten bestimmt. Auf einen komplizierten literarischen Aufbau wird also zugunsten einer eingängigen Rezeptionsform verzichtet.[21] Gesteigert wird dies noch durch die Kombination der relativ kurzen Texte mit jeweils einem Holzschnitt. »Erst durch sie (die Bilder) wurde das Narrenschiff zu einem volkstümlichen Bilderbuch, bei dem viele, die des Lesens unkundig waren, sich den Sinn des Werkes und seine moralische Tendenz aus unmittelbarer Anschauung des Bildes aneignen konnten. Man wird die Äußerung Brants in der Vorrede ernst nehmen müssen, nach welcher der Sinn der Illustration nicht nur darin besteht, das geschriebene Wort bildhaft zusammenzufassen und zu ergänzen, sondern auch an seine Stelle zu treten, also bei aller Wechselbeziehung ein geistiges Sonderleben neben dem Text zu führen: ›Wäre jemand, der die Schrift veracht', / oder einer, der sie nicht könnt lesen / der sieht im *Bilde* wohl sein Wesen / Und schaut in diesem wer er ist / Wem gleich er sei, was ihn gebrißt!‹«[22] Schon im späten Mittelalter lassen sich also Wahrnehmungs- und Vermittlungsformen ausmachen, die um starke Konkretion und Anschaulichkeit bemüht sind und die sich mit ihrem Sujet immer weiter von dem tradierten religiösen Themenkatalog wegbegeben.

Die Kirche als Erfahrungsraum

Die Vermittlung des Unerfahrbaren, des Fremden und Unterhaltsamen durch die Erzählung hat den Nachteil, daß das Erzählte lediglich in den Köpfen der Zuhörer zum Leben erwacht. Die Phantasie muß an die Stelle der sinnlichen Erfahrung treten. Es waren zunächst die Maler des Mittelalters, die versucht haben, aus dieser Beengung auszubrechen. Der Malerei gelang es damals, von tradierten Vermittlungsformen und Themen, denen die Literatur noch lange verhaftet blieb, freizukommen und so breitere Rezipientenschichten anzusprechen. Die Malerei im öffentlichen Raum wurde zu den wichtigsten Erfahrungsmöglichkeiten der Massen.

»In der Literatur sind Form und Inhalt beide alt; in der Malerei ist der Inhalt alt, aber die Form neu. In der Malerei birgt die Form viel mehr Ausdruck als in der Literatur. Der Maler kann seine ganze unausgesprochene Weisheit in die Form legen; Idee, Stimmung, Psychologie, alles kann er wiedergeben ... Das Zeitalter ist überwiegend visuell eingestellt.«[23] Diese starke Ausrichtung auf das Visuelle in der Kunst des Mittelalters, dieser größere Aktionsradius der Malerei gegenüber der Literatur, die lediglich in der Komik und im Spott spontane, subjektive Elemente aufnahm,[24] kam dem Volk und dessen mangelhafter Bildung, aber auch dem Wunsch nach möglichst konkreter Erfahrung entgegen. Die Öffnung der Kunstmalerei des Mittelalters bereitete der massenhaften Bildproduktion den Weg in den Alltag vor.

Derartige Vermittlungen in Bildern sind ursprünglich in den Kirchen erprobt und eingeübt worden. Dort waren es nicht nur die Kreuzwege und Wandmalereien, sondern auch die Kirchenfenster, die biblische Geschichten und Heiligenlegenden medial fortschrittlich in bildhafte Episoden auflösten. Im Chor des Kölner Doms befinden sich Glasfenster, die Ende des 14. Jahrhunderts entstanden. Diese Fenster sind durch eine senkrechte Mittellinie geteilt. In den Hälften sind jeweils Begebenheiten aus dem Alten und dem Neuen Testament, zwischen denen eine inhaltliche Beziehung existiert, einander gegenübergestellt. Die Bilder sind so angeordnet, daß sie sich zu einer Geschichtenfolge addieren lassen.

Doch nicht nur die Aufgliederung einer (biblischen) Geschichte in Bildepisoden, wie sie bereits im Kreuzweg bestand, sondern vielmehr die Vermittlungsform der Kirchenfenster als Licht-Bilder verdeutlicht ihre Fortschrittlichkeit. Das Kirchenfenster nimmt vieles von der späteren

1 Kirchenfenster als Lichtbilder. Anonymes Laterna-magica-Bild: Kirchenbesuch bei Mondschein. Malerei auf Glas, um 1870

Diaprojektion oder der Wirkung der Laterna magica vorweg. Mit dem Licht, in diesem Fall dem Tageslicht, wurde ein Bild in den dunklen Kirchenraum projiziert; es wurde also bewußt eingesetzt, um die Bildwirkung zu verstärken.

In den Darstellungen der Bibel erscheinen die Heiligen oft von sehr hellem Licht umgeben, Licht, das die Anwesenden blendet – eine Metapher für den starken, überwältigenden Eindruck, den eine solche Begegnung auf den Unvorbereiteten gemacht hat. Mit den Kirchenfenstern versuchte man, eben diesen »starken Eindruck« zu wiederholen. Auch hier blickte der Rezipient aus dem Dunkel in ein helles, leuchtendes Bild, das zudem nicht in Augenhöhe angebracht war, sondern zu dem er aufschauen mußte. In der Bibel markieren derartige »Erleuchtungen«, bei denen das Licht immer von oben, vom Himmel herabkommt, Momente der Bekehrung, und zwar desjenigen, der unten, im Dunkel lebt. Die Lichtmystik der Kirchen hat ebendiese Funktion. Sie ist noch nicht mediales Unterhaltungsmittel, sondern vielmehr der Versuch einer religiösen Überwältigung. Der dunkle Raum, aus dem man in das Helle schaut, nimmt etwas von der hypnotischen Wirkung vorweg, die Kracauer dem Kino zusprach, dessen helles Bild den Blick des Betrachters einfängt: »Der Kinobesucher ist in einer ähnlichen Lage wie eine hypnotisierte Person. Gebannt vom leuchtenden Rechteck vor seinen Augen – das dem glitzernden Gegenstand in der Hand des Hypnotiseurs gleicht – bleibt ihm nichts anderes übrig, als den Suggestionen zu erliegen, die in sein leeres Innere eindringen.«[25]

Als Kultstätte war die Kirche nicht auf ein zufällig zusammengekommenes Publikum angewiesen, wie dies bei den späteren Massenmedien der Fall ist. Der »starke Eindruck«, der noch nicht säkularisiert ist, wurde einem Massenpublikum, das ein Zwangspublikum war, vermittelt. Dieses Publikum wurde quasi einer Wahrnehmungsschule unterzogen. Das Fenster, das in den Häusern der Massen lediglich als Lichtschacht oder als Ausblicksort bekannt war, wurde hier zum Blickfang. Es fing die Blicke der Betrachter auf, um ihnen einen fremden Blick als Bild zurückzugeben.

Die Aussicht wurde beim Kirchenfenster durch Ansichten ersetzt. Das natürliche Fensterbild wurde zum aufgesplitterten Bildmosaik, mit dem sich eine stringente Geschichte vermitteln sollte. Die natürliche Aussicht geriet zum künstlichen Bild, dem sich der Rezipient im dunklen Kirchenschiff nicht entziehen konnte. Wie in der Bibel suchte die Religion auch hier möglichst volksnahe, wenig abstrakte Vermittlungsformen. In der Kirche lernten die Massen das Lesen von Bildern, die erst später in säkularisierter Form durch Flugblätter und Einblattholzschnitte auch außerhalb des kirchlichen Bereiches in ihren Besitz kamen.

Solche frühen Druckerzeugnisse, die zunächst noch vor allem in den Klöstern, später aber zunehmend auch von freien, in den Städten lebenden Druckern hergestellt wurden, haben ihren Ursprung in den Andachtsbildern, also wieder im sakralen Bereich.[26] Diese aus dem 15. Jahrhundert stammenden Bilder lösten die Rezeption noch nicht von dem tradierten religiösen Themenkatalog, wohl aber von dem herkömmlichen Rezeptionsort, der Kirche. Erst die Flugblätter, aus denen vermutlich auch Brants »Narrenschiff« entstanden ist, verknüpften die moralische Belehrung mit der Unterhaltung, lösten sich also vom religiösen Kontext. Ihren Endpunkt erreichte die Säkularisierung dann in den Liederheftchen und den Bildertafeln der Bänkelsänger.

Die damalige Malerei im öffentlichen Raum zeigt, daß die Kulturgeschichte der Massenmedien sich nicht an den Orten der traditionellen

Kunstvermittlung vollzog. Diese Geschichte ereignete sich vielmehr dort, wo die Massen zusammenkamen: Das war zunächst in der Kirche, dann auf der Kirchmeß, die ja auch noch religiöse Wurzeln hatte, und schließlich auf dem Jahrmarkt, der zusehends die alten Inhalte der Bildkultur säkularisierte. Der Blickwinkel, aus dem man auf das Massenmedium Fotografie schaut, muß also anders gewählt werden, will man die frühen Massenmedien, ihren Ursprung und ihre Erscheinungsformen nicht nur mit dem Signum des Unkünstlerischen und darum Trivialen belegen. Die Bildmedien sind in der Kunstgeschichte als einer Geschichte von Mal- und Architekturstilen für den Kreis feudaler Rezipienten untersucht worden. Im Folgenden soll es um die Bildkultur der Massen gehen, die sich mit der Industrialisierung nicht nur unter völlig veränderten Lebensbedingungen wiederfanden, sondern die sich mit dem technischen Bildmedium erstmals bislang verschlossene Erfahrungsräume scheinbar öffnen konnten. Es wird also zum einen ein historischer Querschnitt vorgenommen, der aufzeigt, wie sich die Beziehung zwischen dem Erfahrungshunger und den Medien, die ihn befriedigen sollen, entwickelt, zum anderen werden einzelne Medien auf ihren Charakter und ihre Wirkung hin untersucht.

Der Jahrmarkt als Treffpunkt der Massen

Das Leben im Feudalismus war für die nichtfeudalen Schichten ein Leben in Eintönigkeit. Die Beweglichkeit erstreckte sich auf das nächste Umfeld, bis in die Nachbarschaft oder die Nachbargemeinde. Reisen war noch ein Privileg, das Geld und Bildung voraussetzte; über beides verfügten die nichtfeudalen Kreise nur begrenzt. Kaufleute, Handwerksgesellen und Soldaten waren die einzigen, die weitere Strecken zurücklegten und deren Erzählungen den hermetisch abgeschlossenen Kreis um einzelne Orte durchbrachen – vorausgesetzt, diese Orte lagen an wichtigen Land- oder Wasserstraßen. Leben im Dorf – Städte waren nach unserem heutigen Verständnis lediglich Kleinstädte – war also ein Leben mit wenig Abwechslung, mit geringem Informationsfluß und mit stark eingeschränkter Mobilität. Jede Abwechslung mußte unter diesen Voraussetzungen als willkommene Unterbrechung, wenn nicht als Sensation empfunden werden.

2 Der Jahrmarkt: Tauschplatz von Geld und Gütern, Information und Unterhaltung. Kölner Marktszene um 1660

So auch der Jahrmarkt, ein zunächst religiös ausgerichteter Jahrestag, an dem der jeweiligen Schutzpatrone gedacht wurde. Aus diesem Anlaß fanden sich nicht nur die frommen Gottesdienstbesucher ein, sondern auch die Käufer und Verkäufer von Gebrauchsgegenständen und Lebensmitteln. Das religiöse Fest wurde zum Tausch- und Einkaufsplatz, um sich mit den Arbeits- und Alltagsprodukten für das nächste Jahr einzudecken. Für den Ackerbau brauchte man zum Beispiel das nötige Handwerkszeug, aber auch die entsprechenden Rohstoffe, über die man nicht immer aus der eigenen Produktion verfügte. »Die Lieferanten für diese Waren sind weniger Kaufleute gewesen als vielmehr die Bauern der umliegenden Ortschaften. Bei den Verkehrsverhältnissen jener Zeit waren solche Jahrmärkte für die Bauern häufig die einzige Gelegenheit, die Erträge aus Feldarbeit und Viehzucht zu verkaufen. Andererseits gab es hier die Möglichkeit, sich, weitab von jeder größeren Stadt mit entsprechendem Versorgungshandel, mit handwerklichen Erzeugnissen für jeglichen Bedarf des täglichen Lebens und der landwirtschaftlichen Arbeit auszustatten.«[27]

Der Jahrmarkt war also ein wichtiger Tauschplatz für Geld und Güter, aber auch für Information und Unterhaltung. Maßgeblich bestimmt wurde das Bild der Jahrmärkte nämlich nicht nur durch die Krämer, Händler und Bauern, sondern auch durch das Fahrende Volk der Vaganten, Gaukler, Sänger, Quacksalber, Seiltänzer und Dompteure. »Seit den großen Messen und Wallfahrten des Mittelalters sah man sie von Dorf zu Dorf ziehen und immer da ihre Künste vorführen, wo viele Menschen zusammenkamen.«[28] In dem abwechslungslosen, monotonen Landleben sorgten sie für Ablenkung und Unterhaltung. »Seit Jahrhunderten war der Jahrmarkt eine ökonomische Notwendigkeit und zugleich ein großes Volksfest gewesen, nach dem sich die Leute aus allen Städten sehnten und das das Leben in Dorf und Stadt mehr oder weniger durcheinandergewirbelt hat. Für die höheren Stände wie auch für das Volk brachte der Jahrmarkt einen Einschnitt in die eintönige Existenz: für die Reichen, weil sie zu viel freie Zeit und zu wenig Abwechslung hatten; für die Armen, die in ganz Europa den größten Teil der Bevölkerung ausmachten, war der Rummel der einzige Ausgleich für ein Jahr harter Arbeit bei zu wenig Geld . . .«[29]

Die eigene Immobilität, der beschränkte Erfahrungshorizont und die Dürftigkeit der eigenen Mittel und Möglichkeiten verhinderten den Zugang zu fremden Erfahrungsräumen. So ist es nicht verwunderlich, daß die Informationen und Erfahrungen mit dem Fahrenden Volk den Weg zu den Erfahrungshungrigen machten. Das Fahrende Volk konfrontierte die aufmerksamen Besucher mit all dem, was in ihrem Alltag keinen Platz finden konnte: Unterhaltung, Gesang und Rezitation, Sensation in Form von Erzählung, von Artistik oder Exotik.

Hier wandelten sich die *bildhafte Sprache* der biblischen Erzählung, der Sagen und Legenden sowie die religiösen Kirchenbilder zu neuen, bislang unbekannten, nun real wahrnehmbaren *Phantasiebildern.* Phantasiebilder, weil eine Erklärung für die vorgestellten Phänomene und Kunststücke in den Augen der ungebildeten Betrachter nur im Bereich des Phantastischen liegen konnte. Man sah, was man noch nie gesehen hatte: fremde Tiere, schwebende Menschen, weitgereiste Geschichtenerzähler. Und gleichzeitig erhielten der diffuse Erfahrungshunger, das Streben aus der Eintönigkeit einen realen Ort für ihre Befriedigung. Die Phantasiebilder der Artisten und die lebenden Bilder der Tiervorführung machten Fremdes erstmals real wahrnehmbar. Sie ließen die Ahnung von einer anderen Welt als der alltäglichen zur Gewißheit werden, einer durchaus im Diesseits angesiedelten Welt.

Bänkelsänger traten im 17. Jahrhundert zum erstenmal öffentlich auf, während Gaukler bereits im 15. Jahrhundert nicht mehr nur am Hof arbeiteten, sondern gezielt die Jahrmärkte und Messen ansteuerten, da sie dort mit einem besonders großen Publikum und entsprechend hohen Einnahmen rechnen konnten. »Die wirtschaftliche Bedeutung der alten Messen war immens. München beherbergte bei 12000 Einwohnern zur Zeit der Messe gewöhnlich 60000 Gäste. Dabei kamen die Vergnügungen nicht zu kurz ...«[30] Die Zahlen belegen nicht nur den wirtschaftlichen, sondern auch den soziokulturellen Stellenwert der Messen, Jahrmärkte und Volksfeste. Das Aufeinandertreffen von Menschenmassen bedeutete gleichzeitig auch massenhaften Austausch von Informationen, wobei Information in dieser Zeit mit Geselligkeit und Kommunikation durchaus gleichgesetzt werden kann. Im 16. Jahrhundert waren es vor allem Artisten, Seiltänzer und Sprungakrobaten, die auf den Jahrmärkten für Aufsehen sorgten. Sie erweckten beim Betrachter den Eindruck, den allgemeinen Gesetzen der Erdanziehung enthoben zu sein, für Sekunden schweben zu können. Auch hier verschwimmen die Grenzen zwischen Belehrung und Naturwissenschaft (oder einer Ahnung von ihr) mit waghalsiger, aufregender Unterhaltung.

»Wie die Gliederung der mittelalterlichen Gesellschaft auf die Ordnung Gottes zurückgeführt wurde und gleichsam als Naturgesetz galt, so unterlagen auch alle natürlichen Vorgänge göttlichen Gesetzen. In der Natur und ihren vielfältigen Erscheinungsformen manifestierte sich noch immer das Göttliche schlechthin, das Heilige. Es waren Kunst und Wissenschaft, die dieses Verhältnis aufzulösen halfen ... Das Leben richtete sich auf das Diesseits aus ... Indem die Schausteller, hier insbesondere die Voltigeurs, diese wissenschaftlichen Grundlagen für ihre Kunst nutzbar machen, um sie auf den Jahrmärkten vorzuführen, dienen sie, meist ohne es wirklich zu wissen, der Verbreitung dieser neuen Anschauung vom Menschen.«[31]

Georg Büchner läßt in seinem Stück »Woyzeck« den Hauptakteur mit einem Marktschreier zusammentreffen, der unter Assistenz seiner Frau einen kostümierten Affen und ein dressiertes Pferd vorführt: »Meine Herren, meine Herren! Sehen Sie die Kreatur, wie sie Gott gemacht: nix, gar nix. Sehen Sie jetzt die Kunst: geht aufrecht, hat Rock und Hosen, hat ein' Säbel! Der Aff ist Soldat; 's noch nicht viel, unterste Stuf von menschliche Geschlecht. Ho! Mach Kompliment! So – bist Baron. Gib Kuß! (er trompetet) Wicht ist musikalisch – meine Herren, hier ist zu sehen das astronomische Pferd und die kleine Kanaillevögele. Sind Favorrit von alle gekrönte Häupter Europas, verkündigen den Leuten alles: wie alt, wie viel Kinder, was für Krankheit . . .« Wie der Mensch die Naturgesetze zu überwinden scheint, so versucht er, die ganze Natur seinem Denken anzugleichen. Das Pferd zählt und ordnet sich somit der menschlichen Logik unter.

Tiere als Sinnbild der Exotik

Die Tiervorführung und später die Tierdressur waren eine ganz eigene Spezies des Wandergewerbes. In dem Wunsch nach Konkretion, aber auch in der Absicht, Unerreichbares erfahrbar zu machen, waren die lebenden Bilder der Tiervorführung ein geeignetes Mittel zum Stillen des eigenen Erfahrungshungers. Diese lebenden Tierbilder öffneten nun Erfahrungsräume, deren Exotik bislang ein Synonym für Unfaßbarkeit gewesen war, und die sich nun quasi spielerisch dem Bewußtsein ihrer Betrachter erschlossen. »Als ein reisender Russe um 1697 Amsterdam einen Besuch abstattete, mag er seinen Augen wohl nicht getraut haben, einen Elefanten zu sehen, der Menuett tanzte, auf orientalische Art und Weise eine Trompete blies, mit einer Muskete schoß, allerlei Kunststücke ausführte und mit einem Hund spielte, der immer um ihn herum war.«[32]

Der Elefant als Symbol der Wildheit, der unerforschten Fremde, der schier grenzenlosen Körperkraft – er paßte sich den Tanzmoden und den Wünschen seiner Besucher an, denen er so das Gefühl gab, der fernen Exotik ein Stück näher gekommen zu sein. Bereits 1443 war ein Elefant auf der Frankfurter Messe zu bewundern. »1450 ist auf der gleichen Messe ein Strauß zu sehen, 1487 ein Dromedar, 1515 in Nürnberg ein Rinoceros, 1566 brachte Oswald Porto ein Krokodil dorthin . . . 1584 ist ebenfalls in Nürnberg für ›2 Pfennige‹ ein Löwe zu bewundern . . .«[33] Die Bilder, die benutzt wurden, um sich die Welt anzueignen, um den eigenen Erfahrungshunger zu stillen, waren *lebende Bilder,* die der Realität des eintönigen Alltags enthoben waren.

Die lebenden Bilder des Jahrmarktes waren in erster Linie Bilder des Unbekannten, die den Rezipienten das Gefühl der unmittelbaren Nähe zum Fremden vermittelten. Die Dressur der Tiere markierte den Endpunkt dieser Kontaktaufnahme, die dem Kontaktsuchenden das Gefühl

3 Durch die lebenden Bilder der Schausteller wird die Fremde erfahrbar. Anonym: Indiens sauvages domés en spectacle. 1877

der menschlichen Überlegenheit, der Beherrschung des Fremden vermittelte. Mit der Freude an exotischen Tieren und ihrer Schaustellung bzw. Beherrschung durch Dressur knüpfte der Jahrmarkt aber an ein altes, feudales Privileg an. Jagdparks gehörten nicht nur wegen des Sports, sondern vor allem wegen der Repräsentation zu den Anlagen eines feudalen Schlosses. Hier sammelte man und hielt sich vornehmlich heimisches Wild. Im Barock fanden die Gartenkunst und mit ihr die Tierhaltung einen vorläufigen Höhepunkt. Wie die Schatzkammern der Feudalherren unsystematisch mit Reichtümern überladen wurden, so wurde die Tierhaltung in den Parks mehr und mehr zur Demonstration der Reichweite eigener Macht, zur Stilisierung des eigenen Machtgefühls. Die Tiersammlung wollte beweisen, daß die Macht des Herrschers gleichermaßen Landes- wie Gattungsgrenzen überschreitet. Gefährlichen Raubtieren baute man spezielle Höhlen oder hielt sie in extra abgesicherten Gräben.

Im Absolutismus spiegelte sich die Radikalität politischer Machtansprüche nicht zuletzt in der Kompromißlosigkeit, mit der die politische der natürlichen Macht entgegentrat. »Absolutistischem Machtgefühl entsprachen die strahlenförmig vom Schloß ausgehenden Baumalleen und spiegelnden Kanäle, scheinbar ins Unendliche dringend, so daß jede Grenze zwischen Park und Landschaft aufgehoben schien. Alle Wege und Straßen strebten strahlenförmig auf den Sitz des Herrschers zu, der gleich einer Spinne im Netz sitzt und alles unter seine Kontrolle und unter seinen Einfluß zu bringen trachtet.«[34] Die Macht symbolisierte sich im Bild der Macht: Die Haltung des Herrschers war so, daß kein Infragestellen der eigenen Position geduldet wurde, auch nicht von den natürlichen Kräften, die man sich demonstrativ untertan gemacht hatte. Es kann also nicht erstaunen, daß gerade in dieser Zeit die Menagerien, die Tiersammlungen, am Hofe den Höhepunkt ihrer Beliebtheit erreichten. Die Tiere wurden dem Park so eingegliedert, daß sie von einem zentralen Beobachtungspunkt aus alle gleichzeitig zu sehen waren. Auch wenn der Wille der Tiere erst später auf dem Jahrmarkt und noch später im Wanderzirkus systematisch gebrochen wurde, der absolute Herrscher kontrollierte die Tiere mit seinen Blicken, hatte sie sich untertan gemacht, wie die ganze Natur.

Dies änderte sich tendenziell mit dem Erstarken des Bürgertums. Dem einen absoluten Herrscher standen viele herrschende Individuen gegenüber. Folglich wandelte sich die Architektur der Parks wie auch die Absicht ihrer Errichtung: »Absolutistische Prunkdokumentation setzte den Menageriepavillon, analog der Bedeutung der Fürsten, in den Mittelpunkt der Anlage. Die um die Wende vom 18. zum 19. Jahrhundert einsetzende Personifizierung der Bourgeoisie läßt sich auch in zahlreichen Einzelvolieren, die sich begüterte Bürger bauen ließen, ablesen.«[35] Hier stand also weniger die Machtdemonstration als vielmehr das Studium, die Belehrung im Mittelpunkt. Bevor aber die Masse die Mittel und die Mobilität erlangt hatte, um sich Tiergärten zu Studienzwecken anzulegen und diese dann auch zu besuchen, kamen die zoologischen Sammlungen mit dem Fahrenden Volk auf die Jahrmärkte und in die Städte.

Diese kommerziellen Unternehmen hatten bis ins 19. Jahrhundert hinein regen Zulauf. Sie unterwanderten nicht nur ein feudales Privileg, sie koppelten, wie alle anderen Schaustellungen, die Belehrung mit der Unterhaltung. Auch hier waren die konsumierten Bilder lebende Bilder. Die Belehrung geschah zum Beispiel in der kommentierenden Ankündigung:

4 Die Menagerie verbindet Unterhaltung und Belehrung mit dem Sensationellen. M. Meyerheim: Eine Menagerie. 1866

»Kund zu wissen sey Jedermänniglich: Das in diese Statt ist angekommen eine fremde Persohn / mit einem wunderlichen Thier / ist genannt Romdarius / kommt aus dem Land Africa un Asia / ... Dieses Thier ist 8 Schuh hoch und 15 lang. Es kan mächtig geschwind lauffen in seinen Landen ... man schreibt aus Asia / das sie 3000 Pfund tragen können / es kan dieses Thier in 48 Stunden ohne Fressen marchieren / ... es kan auch zu Sommerzeiten 3 Monath ohne Sauffen leben / wann es saufft / so saufft es viel auf einmal.«[36] In der professionalisierten und perfektionierten Wandermenagerie wurden derartige Vorstellungen und Belehrungen mehr und mehr von dem Personal durchgeführt, das die Tiere, soweit sie zahm waren, aus den Käfigen herausholte und sie den Besuchern vorführte.

Es gibt in der Geschichte der öffentlichen Tierhaltung drei unterschiedliche Entwicklungsstufen, die sich analog zu dem politischen bzw. gesellschaftlichen Status quo des Publikums veränderten. Nach der Ära der unorganisierten Tierhaltung in den feudalen Gartenanlagen, die den Bürgern ja verschlossen blieben, bestimmten die Bürger Form und Ausgestaltung der öffentlichen Parks. In diesen Parks wurden die Tiere systematisch und zu Zwecken des Studiums gehalten. Über den Intellekt wollte man sich die Welt aneignen. Parallel zu dieser Entwicklung, in der das meist vorgebildete Bürgertum gleichermaßen für die Einrichtung von Zoos, Parks und Museen eintrat, fanden die Massen ihre eigenen, ihnen angemessenen Vermittlungsorte und -formen. Sie eroberten sich die ihnen ansonsten fremde Welt über den Jahrmarkt und die Wandermenagerie. Ist die bürgerliche Aneignungsform eine wissenschaftliche, so ist sie bei den Massen trivial und spektakulär. Ist sie bei den einen distanziert und rational, so ist sie bei den anderen emotional und auf unmittelbare Nähe zur Wirklichkeit angelegt. Ist das Ziel einmal die Erkenntnis einer Ordnung, so ist es das andere Mal die Erfahrung von Lebendigkeit und Fremde. Hebt man einerseits auf Abstraktion ab, sehnt man sich andererseits nach Konkretion und praller Sinnlichkeit. All diese Charakteristika trivialer Aneignungsformen lassen sich auch Jahrhunderte später bei der Fotografie feststellen. Bereits hier werden die Weichen für die später folgenden technischen Massenmedien gestellt, die in ihrer Ausrichtung diesen Massenbedürfnissen auch künftig noch zu gehorchen haben. Gerade die Konkretion erscheint den ersten Benutzern der Fotografie als ein wesentlicher Vorzug dieses Mediums, dessen Rezeption so keine wissenschaftliche Analyse, sondern vitalen und populären Konsum provoziert.

Der Bänkelsang als mediale Mischform

Alle bislang hier vorgestellten medialen Frühformen beschränkten sich in der Regel auf eine visuelle Vermittlung. Ob dies nun die Kirchenfenster des Mittelalters, die lebenden Bilder der Menagerie oder die Phantasiebilder des Jahrmarktes waren, alle versuchten über die einfache Visualisierung den Wissensdurst ihrer Betrachter zu stillen. Eine Ausnahme war der Kreuzweg, dessen Rezeption vom Gebet und dem aktiven Nachspielen der Leidensgeschichte bestimmt wurde. Diese religiös fundierte mediale Mischform fand später auf dem Jahrmarkt vor allem im Bänkelsang ihr säkularisiertes Äquivalent, bei dem es ebenso um audiovisuelle Vermittlung, als auch um emotionale Einbeziehung des Rezipienten ging.

Die Abgeschlossenheit, in der sich die Ortschaften früher durch die mangelnde Mobilität ihrer Bewohner befanden, lockerte sich mit der Aufhebung der traditionellen Einheit von Produktion und Haushalt allmählich. Warentausch und Warenfluktuation wurden immer wichtiger. Der Kaufmann als reisender Zwischenhändler gewann immer mehr an Bedeutung. Die Märkte als Umschlagplätze arbeitsteilig gefertigter Waren wurden zu lebenswichtigen Versorgungsstätten für in immer stärkerem Maße arbeitsteilig beschäftigte Menschen. Kolonialwaren bestimmten zunehmend die Produktpalette des 19. Jahrhunderts. Im Haushalt, speziell in der bürgerlichen Küche, kamen Waren aus aller Welt zusammen. Die Exotik, das Unbekannte, war zu einem Bestandteil des alltäglichen Lebens geworden. Folglich änderte sich auch die Funktion des Jahrmarktes radikal. Die Einheit von Information und Warenaustausch klaffte mit der Industrialisierung des 19. Jahrhunderts zusehends auseinander. Für den Jahrmarkt rückte somit das Element der Information und der Unterhaltung immer weiter in den Vordergrund. Die veränderte Erwartungshaltung der Öffentlichkeit brachte einen Wandel des Angebots auf den Jahrmärkten mit sich. Indem man die fremde Welt zunehmend über fremde Waren sinnlich erfahren konnte, mußte die Wirklichkeitsvermittlung auf dem Jahrmarkt zwingend eine andere Qualität erreichen, eine, die sich nicht mit der Vorführung von Bildern begnügte - ob dies nun in Form von lebenden Bildern oder durch bildhafte Erzählung geschah. Der Bänkelsang reagierte auf diese neuen Bedürfnisse, indem er beide Vermittlungsformen kombinierte und so eine völlig neue Darbietungsqualität schuf.

Dabei orientierten sich die Bänkelsänger nicht an exotischen Motiven oder an phantastischen Darbietungen, sondern am Alltag in seinen tragischen Extremen. Mit seinem Bezug zu tatsächlichen Begebenheiten verbanden Bänkelsänger Unterhaltung und Belehrung mit Information und Sensation, ohne dabei Rücksicht auf religiöse Traditionen zu nehmen.

Neu war dabei die *Kombination* von Bild und Wort, von Unterhaltung und Belehrung, von Exotik und Sensation mit aktueller Berichterstattung eines vermeintlichen Augenzeugen in Reimform. Bereits im 15. Jahrhundert waren Gaukler auf Märkten aufgetreten und hatten mit großen Bildtafeln, die sie hinter ihrem Standplatz entrollten und auf denen ihre Kunststücke dargestellt waren, viele ihrer Zuschauer erstmals außerhalb der Kirche mit Bildern in Berührung gebracht. Diese Darstellungen erregten ob ihrer Seltenheit bei den Passanten große Aufmerksamkeit – und erzielten so den gewünschten Werbeeffekt. Eine beliebte Werbetechnik jener Zeit war auch das Ausrufen der Straßenhändler und Schausteller. Diese »Kaufrufe« hatten meist eine eigene Melodie, mit der Gebrauchsgüter, aber auch Flugblätter, Einblattdrucke und später Liederheftchen angepriesen wurden. In diesen beiden populären Werbeformen, der Bildertafel und dem Kaufruf, hat der Bänkelsang seinen Ursprung.

»Als einen der wichtigsten Vorläufer des Bänkelsängers muß man den Zeitungs- oder Avisensänger des 16. Jahrhunderts ansehen, der als Verkäufer der damals zahlreichen Flugschriftenliteratur auftrat. Dabei wurden die häufig als ›newe zeitung‹ deklarierten Berichte nicht nur in Prosa, sondern in gereimter Form als ›Zeitungslied‹ angeboten, das ›auf eine bereits bekannte Melodie‹ zu singen war. Es handelte sich bei diesen Flugblättern um Einblatt- oder Mehrblattdrucke in Folioformat, die mit Holzschnitten und gereimtem Text versehen waren. Ohne Zweifel läßt sich bereits hier eine Verbindung zu den Schildern des Bänkelsängers herstellen, die in gleicher Weise wie Holzschnitte in mehrere Felder entsprechend den einzelnen Episoden des geschilderten Ereignisses, aufgeteilt waren.«[37]

Wo die Rezitation des Textes nicht ausreichte, um Freud und Leid der Protagonisten adäquat wiederzugeben, wurde die Geschichte in Bildern nacherzählt. Das erleichterte die Rezeption, speziell für diejenigen, die nicht lesen konnten. Die Bilder markierten die wichtigsten Ereignisse für die Rezeption der Geschichte. Diese war somit zweifach konserviert, schriftlich und bildlich. In dieser anschaulichen und somit populären Form ließ sie sich jederzeit von den einzelnen Familienmitgliedern rezitieren, unabhängig davon, ob diese lesen konnten.

Die Lesebücher der Erstkläßler machen deutlich, daß die Vermittlung von Wissensstoff in den ersten Schuljahren noch immer auf die gleiche Art und Weise geschieht: Bilder werden dort eingesetzt, wo die Technik des Lesens noch nicht ausreicht. Die Bilder knüpfen an den beschränkten Erfahrungshorizont der Kinder an und erweitern ihn durch die schriftliche Ergänzung um eine abstrakte Dimension. In dieser Ergänzung spiegelt sich der Übergang von einer proletarischen zu einer bürgerlichen Bildungsvermittlung. Das Bürgertum versuchte in seinem intellektuellen Emanzipationsstreben eine Abstraktion zu erreichen, während das Proletariat dem Konkreten verhaftet blieb. Die Bilderkultur des Proletariats ist, indem sie nicht zur Abstraktion hinleitet, sondern sie zu ersetzen ver-

5 Bänkelsang als multimediale Vorführung: Text, Musik und Bild verschmelzen im Vortrag des Bänkelsängers. Ph. Müller: Auf dem Jahrmarkt im Elsaß. 1868

sucht, in ihren Konsequenzen bis heute regressiv. Sie ist wie das Bilderbuch, dem die textliche Ergänzung fehlt.

Der Erfahrungshunger, den die Bänkelsänger und die frühen Zeitungen stillten, ist nicht mit heutigen Maßstäben zu messen. Die Aufmerksamkeit, die beide bei den Käufern bzw. Rezipienten weckten, entstand nicht durch Aktualität, sondern durch die Aufarbeitung des Ungewöhnlichen, des Fremden. »Aktuell war alles, was der Masse fremd und unbekannt sein mußte und was aus dem Alltagsleben herausragte. Entsprechend breit ist der Themenkatalog der Flugblattliteratur - Naturereignisse, Himmelszeichen, Wundergeburten, Familientragödien, Mord und Raub . . .«[38]

Diese Themenpalette sicherte den unterhaltenden Charakter der Vorführung, der immer dominant war, gleichzeitig kam sie aber auch dem Informationsbedürfnis des Publikums entgegen. Mit dem Gesang der Bänkelsänger durchzog ein Potpourri erschreckender bis erschütternder Schicksale, die mehr das Gemüt als den Verstand ansprachen, den grauen Alltag. So stand die Belehrung im Bänkelsang immer hinter der

Unterhaltung und Information zurück – anders als noch bei den bildhaften Erzählungen religiöser und mythologischer Art. Bänkelsang bezog seinen Stoff scheinbar aus dem Alltag, der in den Liedvorträgen voller Sensationen und Tragödien war. Diese Vorträge waren nicht abstrakt, sondern immer konkret. Die Übermittlungsform, sowohl wörtlich wie bildlich, ließ keine feinen Differenzierungen zu. Wo soziale Ursachen für »menschliche Tragödien« gesucht werden müßten – und auch gefunden werden könnten – zog sich der Bänkelsang auf schicksalhafte Fügungen zurück, die Menschen ruinierten oder zu strahlenden Helden machten. Die »Moral von der Geschicht« erklärte den Alltag nicht, sondern mystifizierte seine tatsächlichen Katastrophen und brachte die Zuhörer so zu Gemütsausbrüchen. Die Polarisierung von Moralischem und Menschlichem, von Schicksal und Selbstbestimmung reduzierte die weite und komplizierte Moralauslegung alter, mündlicher Belehrung, wie in der Bibel, auf ein grobes Raster von Gut und Böse.

Dabei nahm der Bänkelsang all das vorweg, was das technische Bildmedium Fotografie im Gestus auszeichnet: Das Foto betont das Faktische, erklärt nicht, führt nicht aus. Sein Gestus des »So ist es!« läßt weder einen Einblick in die Folgen noch in die Ursachen des Dargestellten zu. Man muß es vielmehr als vorgegeben akzeptieren; es ist schicksalhaft, wie die Beschreibungen des Bänkelsängers. In der Rezeption erscheint die Fotografie allerdings sachlicher, indem die angefügte »Moral« entfällt, mit der der Zuhörer bzw. Zuschauer belehrt wird. Mit dem Ablegen der »Moral« hat die Fotografie die Wurzeln zur religiösen Bildkultur trivialer Massenmedien überwunden. Belehrung geschieht hier, wenn überhaupt, nicht mehr durch das Bild, sondern *in* dem Bild, in der Betrachtung des Dargestellten.

Die im Bänkelsang angedeutete Tendenz der passiven Rezeption setzt sich in der Fotografie also fort. Der Zuhörer versetzt sich in eine Geschichte, die er nur passiv verfolgen kann. Waren die biblischen Erzählungen, die Sagen und Märchen nach der Phantasie der Rezipienten ausgeschmückt, waren die Bilder der bildhaften Sprache also immer noch der Ausstattungsphantasie der Zuhörer und Erzähler ausgeliefert, so ist die Determinierung in den Bildgeschichten und Bildsequenzen endgültig. Die Rezeption nimmt verbindliche Züge an. Die Phantasiebilder haben sich auf den Tafeln der Bänkelsänger manifestiert, in den Fotos sind sie endgültig von Phantasie- zu Realitätsbildern geworden, die dem Rezipienten lediglich die Möglichkeit des Konsums lassen.

Die Bildertafeln der Bänkelsänger, die ja mit den lebenden Bildern der Vaganten und Tierdompteure konkurrieren mußten, mühten sich, dem Manko der Statik und der Zweidimensionalität durch eine Erhöhung der Quantität beizukommen. Sie zeigten eine Reihe von Bildern, meist vier, die sich inhaltlich zu einer *Bildergeschichte* ergänzten. Neben die neue Quantität trat also die erzählerische Stringenz. »Jeder der wenigen uns noch bekannten Schildermaler hatte seine eigene für ihn charakteristische Bildaufteilung. Der Maler Kottermann, der für den bayerischen Bänkelsänger Karl Zettel malte, teilte seine Schilder folgendermaßen auf: in der Mitte in einem senkrechten Feld stand wie im Panoptikum die Figur, um die sich die Geschichte drehte. Der übrige Raum um die Figur war in jeweils drei bis vier Felder aufgeteilt, in denen die entsprechenden Episoden aus dem Leben dieser Gestalt dargestellt wurden. Es scheint, daß Kottermann auf diese Weise vorwiegend Schilder zu berühmten oder berüchtigten Persönlichkeiten malte ... Eine Abbildung vom Cannstatter Volksfest von 1835 zeigt einen Bänkelsänger mit einem derartig aufgeteilten Schild mit der Figur Caspar Hausers in der Mitte.«[39]

Die Bildgeschichten hatten wie die früheren Erzählungen, die sich der bildhaften Sprache bedienten, und stärker als dies bereits auf den Kirchenfenstern praktiziert wurde, immer einen genau festgelegten Aufbau, in dem es eine oder mehrere Hauptpersonen, einen Konflikt und dessen Lösung mit moralischer Belehrung gab. Doch in den Bänkelliedern verflachte diese Dramaturgie. In der dramatischen Zuspitzung des Konfliktes ins Un- und Übermenschliche und mit der Reduzierung der Thematik auf die Bestätigung allgemeingültiger Moralvorstellungen wurden die Geschichten zu leicht konsumierbaren Bildfolgen. Auf den Tafeln und in den Liedern scheint sich eine Geschichtsschreibung der Massen niederzuschlagen. Es ist die Geschichte bürgerlicher und kleinbürgerlicher Tragödien, in deren Mitte Protagonisten stehen, die ob ihres gleichen sozialen Standes leicht zu Identifikationspersonen werden konnten. Dabei erschienen die plumpen Vereinfachungen dem Publikum offensichtlich nicht als Mangel. Massenkultur belegt nicht nur Massenbedürfnisse, sondern auch Massenbewußtsein.

Die Gemütsausbrüche der Zuhörer, von denen vielfach gesprochen wird, sind nicht unbedingt ein Widerspruch zur leichten Konsumierbarkeit der Bildabfolgen; in starkem Maße angesprochen und emotional bewegt zu werden, lag durchaus in der Erwartung der Rezipienten. Die Gemütsbewegung war vielmehr eine Steigerung des diffus gewordenen

Erfahrungshungers, der sich mit Staunen und Belehrung allein nicht befriedigen ließ. Das tradierte Empfinden für Recht und Unrecht, die Einführung einer Identifikationsfigur oder eines Bösewichts, der die emotionale Ablehnung der Zuhörer und Zuschauer mobilisierte, bestimmte den Verlauf und die Moral der Geschichte. Die Gemütsbewegung war eine momentane Stimulierung, die auf den existierenden Moralbegriffen fußte, sie folglich nicht in Frage stellen konnte. Tatsächlich war sie eine harmlose Frühform der Ekstase, mit der sich Einzelpersonen aus dem Alltag und seinem Gleichmaß herauskatapultierten.

Sie war aber nicht nur eine Abkehr vom Alltag, sondern auch eine neue Form der Erfahrung. Die Bilder dienten dabei nicht mehr der distanzierten Rezeption, sondern als Stimulans der Emotionen. Der Bänkelsang weist damit zwei auf den ersten Blick recht widersprüchliche Komponenten auf. Zum einen befriedigt er den Wunsch, Fremdes, wenn möglich Sensationelles, zu erfahren, zum anderen dient er der Versenkung, dem Einfühlen in das schaurige Geschehen. Trivialmedien zeichnet gerade diese mangelnde Distanz zum Erzählten und Vermittelten aus, sie suchen die Konkretion und nicht die Abstraktion.

Trivial ist hier die Form der Vermittlung sowie der Ort, an dem sie geschieht, und auch die soziale Zusammensetzung der Rezipientengruppe. Diese läßt aufgrund ihrer Bildung keine anderen Vermittlungsorte und -formen zu; die wirtschaftliche und politische Lage erlaubt keinen anderen Treffpunkt als den Jahrmarkt, die einzige Versammlungsmöglichkeit des Volkes. Theater und literarische Zirkel waren zunächst feudale Privilegien, die erst langsam in den Besitz des Bürgertums übergingen und auch dort noch lange im engen Kreis gepflegt wurden, also nur eine geringe Öffentlichkeit fanden. Der Jahrmarkt war somit der wichtigste Ort, an dem Erfahrungshunger durch Konkretion gestillt werden konnte, womit er auch zum wichtigsten Vermittler einer Bildkultur der Massen wurde. Die Massenkultur, und in ihrer Tradition die Fotografie, begibt sich zu den Massen, wartet nicht auf eine umgekehrte Bewegung. Sie ist flexibel, wo ihre Rezipienten bzw. Konsumenten immobil sind.

Die dynamische Gesellschaft als Entstehungsort des Erfahrungshungers

Mit wachsender Macht des Bürgertums und mit der von ihm forcierten Industrialisierung gerieten die statischen Lebensformen in Bewegung. Das Bürgertum strebte nicht nur die Aufhebung alter Landes- und Handelsgrenzen an, sondern aller gesellschaftlichen Bedingungen, die der wirtschaftlichen und politischen Expansion entgegenstanden. »Die Hauptaufgaben der klassischen bürgerlichen Revolution ... lagen darin, entscheidende Hemmnisse hinwegzuräumen, die der vollen Entfaltung des Kapitalismus entgegenstanden. Solche Hemmnisse waren in ökonomischer Hinsicht vor allem die feudalen Ausbeutungsverhältnisse auf dem Lande, waren daneben die überkommene mittelalterliche Gewerbeverfassung insbesondere der Stadt sowie schließlich die feudale Zersplitterung.«[40] Das Bürgertum als politisch fortschrittliche Kraft bewirkte grundlegende wirtschaftliche Veränderungen – quantitativ und qualitativ. Zuerst kündigten sie sich in der Landwirtschaft an: Die Ablösung alter Anbaumethoden hatte im Vorfeld der Industrialisierung zum einen Nahrungsüberschüsse, zum anderen überschüssiges Arbeitspotential zur Folge.

Die gleichzeitige Einführung der maschinellen Produktion, zunächst in den Webereien, die immer schneller expandierten, schuf neue Arbeitsplätze. Diese konnten aus den Reservearmeen der erwerbslos gewordenen Landbevölkerung und aus dem durch die Industrialisierung zunehmend gefährdeten Handwerkerstand besetzt werden. Die Aufhebung der Leibeigenschaft und das wachsende Arbeitsplatzangebot an den Maschinen markierten den Übergang von einer statischen zu einer dynamischen Gesellschaft, von der nicht nur Menschen, sondern auch Geld und Waren erfaßt wurden. Es ist kein Zufall, daß gerade in diese Zeit die Erfindung der technischen Verkehrsmittel fällt, mit denen der Transport von Menschen, aber auch die Zirkulation der Waren enorm beschleunigt werden konnte. Die Geschwindigkeit des Umlaufs schien der Geschwindigkeit der Warenproduktion überlegen zu sein, wodurch sich für die Produzenten scheinbar unbegrenzte Märkte öffneten. Diese industrielle Expansion ging zyklisch vonstatten, in Schüben, deren Stärke von der Höhe des investierten Kapitals abhing.

Es nahm aber nicht nur der Warenausstoß zu, sondern auch die spekulativen Preise stiegen, die den Spekulanten zwar enorme Gewinne sicherten, die aber immer mehr an der realen Kaufkraft des Volkes vorbeizielten. In den fünfziger Jahren des 19. Jahrhunderts führte ein solcher fast unbegrenzter wirtschaftlicher Aufschwung gleichzeitig zu einer der größten weltweiten Wirtschaftskrisen. Löhne und Lebenshaltungskosten klafften zu weit auseinander. In Frankreich stiegen die Löhne zu dieser Zeit um ca. zehn Prozent, während die Lebenshaltungskosten gleichzeitig um rund 44 Prozent anstiegen.[41] Real bedeutete dies, daß nach Jahrtausenden der eigenen Bedarfsdeckung, der Einheit von Produktion und Konsumtion, überschüssige Waren produziert wurden, für deren Erwerb den Menschen, die sie gefertigt hatten, nun die Mittel fehlten.

Damit trat eine Entwicklung ein, die der Wirtschaftskreislauf zuvor nicht gekannt hatte. Alle Krisen vor dem 19. Jahrhundert waren Mangelkrisen gewesen. Jetzt gab es die erste Überproduktionskrise, deren Folgen nicht minder erschreckend waren. »Es verstärkte sich der antagonistische Widerspruch zwischen dem gesellschaftlichen Charakter der Produktion und dem privaten Charakter der Aneignung. Der antagonistische Widerspruch zwischen dem beschleunigten Wachstum der Produktivkräfte der Gesellschaft und der Beschränkung der Konsumtionskraft der breiten Massen. Das ist der Grund dafür, daß die vermehrte Produktionskraft nicht voll ausgenutzt wurde, – daß vielmehr Produktivkräfte immer wieder zerstört wurden, daß die Produktion immer wieder starken Schwankungen mit heftigen Rückschlägen ausgesetzt war, die eine Zunahme der Unsicherheit für alle anderen brachten und unter denen die arbeitenden Menschen litten.«[42]

Bilder als Kompensationsmittel

Den Schock, den diese neue Entwicklung bei den Zeitgenossen hervorrief, verdeutlicht ein Artikel in den Preußischen Jahrbüchern: »Die Stätten, über welche diese Pestilenz dahingeschritten war, bedeckten sich zwar nicht mit Leichen und rauchenden Schutthaufen, wohl aber mit zahllosen Ruinen des öffentlichen und des Privatwohlstandes ... Blühende Fabriken standen still wie vom Schlag gelähmt; unermeßliche Warenvorräte lagen wie festgebannt an ihren Stapelplätzen, vergeblich auf die Verschiffung nach dem gewohnten Ort der Verwertung harrend; Tausende von Bankerotten drängten sich in den Zeitraum eines kurzen

6 Die Proletarisierung des Industriezeitalters als neue Ursache für den Erfahrungshunger: Wohnungselend in Berlin-Weißensee

Monats zusammen; hunderttausende von Arbeitern sahen sich außer Beschäftigung und Verdienst; angefangene Eisenbahnen, Bauten, Kanäle, Dockanlagen blieben unvollendet liegen ... Alle Verhältnisse schienen auf den Kopf gestellt: bei nie gekannten Warenvorräten, inmitten reicher Ernten überall Entbehrungen; bei vortrefflichen Transportmitteln nirgends Austausch; gegenüber großen Einfuhren edler Metalle allerorten Geldmangel; trotz der umfangreichsten Kreditanstalten eine Höhe des Zinsfußes, wie sie das Jahrhundert noch nicht gekannt hatte ...«[43] Hinter dieser Beschreibung der Symptome verbirgt sich nicht nur ein abstrakter wirtschaftlicher Kollaps, sondern mit zunehmender Industrialisierung auch eine Proletarisierung der von diesem Prozeß ergriffenen arbeitenden Menschen.

Diese Verelendung war nicht nur eine wirtschaftliche, gleichzeitig betraf sie auch den allgemeinen Erfahrungshunger. Während um das Proletariat herum die Handels- und Landesgrenzen fielen, während das Bürgertum für sich und seine Waren eine größere Mobilität in Anspruch nahm, wurden die Proletarier de facto immer weiter eingeengt – nicht nur politisch, sondern auch im privaten Aktionsradius, dessen Durchmesser vom sozialen Status bestimmt wurde. Waren in der statischen, feudalen Gesellschaft *alle* Bevölkerungsschichten mit geringfügigen Unterschieden an den Ort ihrer Arbeit und ihres Familienlebens gebunden, so unterscheidet sich nun die Mobilität, und damit die Erfahrungsmöglichkeit, nach dem jeweiligen Stand innerhalb der gesellschaftlichen Hierarchie.

Mit der Industrialisierung wurde die Bürgerschaft, die zuvor gleichwohl Kaufleute, Beamte, Handwerker und Arbeiter umfaßte, endgültig aufgespaltet. »In Ländern, wo sich die moderne Zivilisation entwickelt hat, hat sich eine neue Kleinbürgerschaft gebildet, die zwischen dem Proletariat und der Bourgeoisie schwebt und als ergänzender Teil der bürgerlichen Gesellschaft stets von neuem sich bildet, deren Mitglieder aber beständig durch die Konkurrenz ins Proletariat hinabgeschleudert werden, ja selbst mit der Entwicklung der großen Industrie einen Zeitpunkt herannahen sehen, wo sie als selbständiger Teil der modernen Gesellschaft gänzlich verschwinden und im Handel, in der Manufaktur, in der Agrikultur durch Arbeitsaufseher und Domestiken ersetzt werden.«[44] Die alte ständische Ordnung geriet mehr und mehr in Bewegung. Mit der Industrie entstand eine neue Hierarchie, in der die Position des Individuums durch die Entfernung zur Maschine bestimmt wurde. Je größer die Distanz zu ihr, um so höher der soziale Status.

Allerdings wuchs diese Hierarchie langsam: So kannte das 19. Jahrhundert, vor allem in seiner ersten Hälfte, noch eine Vielzahl von vorindustriellen Fertigungsweisen, wie sie in den klassischen Handwerkerberufen gepflegt wurden. Doch mit der zunehmenden Warenzirkulation, dem Ausbau der Vertriebswege, blieben auch sie nicht mehr auf ihren alten Markt begrenzt und mußten ihr Einzugsgebiet vergrößern. Das setzte zum einen neue Fertigungsweisen, zum anderen neue Vertriebsformen voraus. Der Handwerker, der zuvor gleichzeitig auch Einzelhändler gewesen war, mußte sich auf die Produktion spezialisieren, um den Vertrieb und Verkauf einem neuen, expandierenden Wirtschaftszweig zu übergeben: Die Verleger als Zwischenhändler wurden zum wichtigen Bindeglied zwischen traditioneller Fertigung und kapitalistischem Warenumschlag.

Weil ihre Arbeit zunächst noch nicht maschinell, also in Fabriken, zusammengefaßt, erledigt wurde, hatten sich die Handwerker noch eine gewisse Unabhängigkeit erhalten - auch wenn ihre Autonomie mit dem Einsatz der Verleger schon merklich geschwächt war. In eine völlige Abhängigkeit gerieten dagegen die Arbeiter. Sie konnten weder das Quantum noch die Qualität ihrer Arbeit bestimmen. Die de facto gewonnene Mobilität endete mit der Abhängigkeit von der Fabrik bzw. der Manufaktur, die man zwar wechseln konnte, ohne allerdings die Arbeitsbedingungen zu verändern. »Während die einfache Kooperation die Arbeitsweise der einzelnen im großen und ganzen unverändert läßt, revolutioniert die Manufaktur sie von Grund auf und ergreift die individuelle Arbeitskraft an ihrer Wurzel. Sie verkrüppelt den Arbeiter in eine Abnormität, indem sie sein Detailgeschick treibhausmäßig fördert durch Unterdrückung einer Welt von produktiven Trieben und Anlagen ... Die besondren Teilarbeiten werden nicht nur unter verschiedne Individuen verteilt, sondern das Individuum selbst wird geteilt, in das automatische Triebwerk einer Teilarbeit verwandelt ... Wenn der Arbeiter ursprünglich seine Arbeitskraft an das Kapital verkauft, weil ihm die materiellen Mittel zur Produktion einer Ware fehlen, versagt jetzt seine individuelle Arbeitskraft selbst ihren Dienst, sobald sie nicht an das Kapital verkauft wird. Sie funktioniert nur noch in einem Zusammenhang, der erst nach ihrem Verkauf existiert, in der Werkstatt des Kapitalisten. Seiner natürlichen Beschaffenheit nach verunfähigt, etwas Selbständiges zu machen, entwickelt der Manufakturarbeiter produktive Tätigkeit nur noch als Zubehör zur Werkstatt des Kapitalisten.«[45] Erfahrungshunger war hier nicht mehr Flucht aus dem öden Alltag provinziellen Lebens, er war vielmehr Sehnsucht nach vorenthaltenem Reichtum nicht nur materieller, sondern auch ideeller Art: Man wollte am Erfahrungsreichtum partizipieren, der noch immer an die Privilegien von Geld und Bildung gekoppelt war. Wie sich die Klassenunterschiede verstärkten, so verstärkte sich bei den Unterprivilegierten der Wunsch nach einer Horizonterweiterung.

Mit der Aufspaltung der Gesellschaft in heterogene Gruppen, deren Status an materiellem Besitz, an Bildung und an persönlicher Mobilität abzulesen war, spaltete sich auch die Praxis, den eigenen Hunger nach Vorenthaltenem zu stillen. Zum Beispiel unmittelbar durch Reisen oder mittelbar durch Bilder oder Literatur. Doch war beides auch dem Bürgertum nur in einem begrenzten Umfang zugänglich, und zwar lediglich den Kreisen, die sich das Privileg der finanziellen Unabhängigkeit und Mobilität errungen hatten. Diejenigen, die aus dem Bürgertum zum Pro-

7 Die Veränderung der Produktion: In einer vorindustriellen Böttcherwerkstatt und in der Textilfabrik. Anonym

letariat abgestiegen waren, hatten weder die reale noch die geistige Mobilität, um den eigenen Hunger nach Bildung zu stillen, der hier folglich auch nicht die Tendenz der Wissensaneignung, sondern vielmehr die der Kompensation besaß. Das Proletariat hatte mit der Industrialisierung lediglich eine Abart der früheren Immobilität und Abhängigkeit erlangt, es konnte folglich nur fiktiv über Bildmedien an der realen Mobilität und Horizonterweiterung anderer Bevölkerungsgruppen teilnehmen. Für diese Teilnahme mußten spezielle Kompensationsmittel gefunden werden, die gleichzeitig zwei Eigenschaften besaßen: Sie mußten den Rezipienten den Eindruck der Mobilität und Erfahrungserweiterung vermitteln, gleichzeitig aber durfte mit Rücksicht auf die Produktionsbedingungen an der Statik der Gesellschaft nichts verändert werden.

8 Lewis Hine: Girl Working in a Cotton Mill, North Carolina. 1908

»Die Vorstellungen, die sich im 19. Jahrhundert herausbilden sollten, beruhten auf den schmerzlichen Erfahrungen der industriellen Revolution und auf dem Widerstreben der Gebildeten und Besitzenden, die Losung Freiheit, Gleichheit, Brüderlichkeit allzu wörtlich zu nehmen. Der Versuch, die soziale Philosophie der Aufklärung in der Französischen Revolution anzuwenden, hatte ihre engen Grenzen aufgezeigt. Hierbei erwies sich insbesondere, wie wenig die neuen Vorstellungen das Leben der Bauern und der armen Arbeiter, die die Masse der Bevölkerung ausmachten, betrafen. Gerade sie, das *Volk,* hatten der Revolution ihren Schwung gegeben; als aber ihr unmittelbares Ziel – die Aufhebung der feudalen Beschränkungen für den privaten Gelderwerb – erreicht worden war, wurde dieses gleiche Volk zu dem *Mob* gestempelt, den die

Besitzenden, also jene, die etwas zu verlieren hatten, als ständige Drohung empfanden. Wissenschaft, Volksbildung und liberale Theologie, die bisher Mode gewesen waren, waren jetzt zu gefährlichen Gedankengängen geworden.«[46] Das Bürgertum dachte weiter, es erweiterte seinen Erfahrungshorizont ständig. Um der wirtschaftlichen Expansion Nachdruck zu verleihen, versuchte es, alle ökonomischen und intellektuellen Einengungen abzubauen. Die in der Französischen Revolution geforderte »Freiheit« war für sie vorrangig die Freiheit des Marktes, die Freiheit der Produktion und die des ungehinderten Verkaufs. Die von der Industrialisierung geforderte Mobilität fand so ihren Überbau. Die aufklärerischen Tendenzen der alten revolutionären Botschaft hatte man zum eigenen Nutzen korrigiert und dem betroffenen Proletariat gänzlich vorenthalten; der Erfahrungshunger des Proletariats besaß aufgrund der anderen Lebensumstände eine ganz andere Qualität: War die Bildersucht in vorindustriellen Zeiten eine Reaktion auf Monotonie gewesen, so war sie jetzt vorrangig die scheinbare Aneignung der bürgerlichen Mobilität.

Die Bevölkerungsschichten, denen die realen Erfahrungen durch Mobilität vorenthalten wurden, eigneten sich diese über Bilder an. Diese Bilder erweckten zwar den Eindruck der Flexibilität, der Freiheit, mit ihnen konnte man den eigenen Horizont erweitern, tatsächlich vermittelten sie aber lediglich die Versatzstücke einer unerreichbaren Wirklichkeit. Als Kompensationsmittel addierten sie sich zu einer Ersatzwelt, die Erfahrungen nur aus zweiter Hand vermittelte.

Schein und Scheinerfahrung

Diese aus Bildern bestehende Ersatzwelt bemühte sich um eine möglichst große Geschlossenheit. Zoo und Zirkus zeigten Originale, die die Aura der weiten, unbekannten Welt mit sich trugen. Sie konnten sich dabei aber nie ganz von ihrem realen Umfeld, vom Alltag loslösen. Die Welt, aus der man sich herausbegeben wollte, war bei der Rezeption immer gegenwärtig. Perfekter gelang die Loslösung dagegen bei den Bänkelsängern, die durch die Kombination mehrerer medialer Formen eine neue, komplexere Einheit herstellten.

Eine neue Dimension erreichte die Befriedigung des Erfahrungshungers aber erst mit der Imitation von Realität durch die naturalistische Fotografie. Nicht mehr Imitation der Fremde, sondern ihre perfekte *Illusion* war angesagt. Die Grenzen zwischen Wirklichkeit und Abbild waren durch den gehobenen Naturalismus der Fotografie fließend geworden.

Diese Illusion wurde bereits ansatzweise im Zoo und im Zirkus angestrebt. Hier versuchte man der Wirklichkeit, die einem ansonsten unzugänglich war, durch die bloße Addition von Ausstellungsstücken unmittelbar gerecht zu werden. Exotische Tiere wurden zum Beispiel in orientalischer Architektur gehalten, Pflanzenarrangements sollten an ihr Herkunftsland erinnern. Trotzdem brach sich die Illusion an dem realen Umfeld ihrer Betrachter. Die Inszenierung erwies sich als zusammengetragene fremde Wirklichkeit, deren Imagination nicht aufrechterhalten werden konnte. Die Ausklammerung der alltäglichen Realität wurde zum zentralen Problem der Illusionskunst. Der verdunkelte Raum der Laterna-magica-Projektion war ein solcher Versuch, das Umfeld zu eliminieren. Radikaler war der Vorstoß im Panorama und Diorama, deren Vorführung in die Realität des Betrachters hinein expandierte. Panoramen in Schiffe zu verlegen, von deren Kommandobrücke aus man das Bild betrachten konnte, Dioramen mit Alphornklängen und lebenden Ziegen zu verschönern, die im Imitat einer Schweizer Landschaft weideten, all dies verdeutlicht die starke Konzentration aufs perfekte Arrangement, das die Wahrnehmung seiner Betrachter okkupieren sollte. Daguerre ergänzte ein Diorama vom Mont Blanc durch echte Almhütten und landwirtschaftliche Geräte, die er übermalte, um sie so optisch in das Gemälde zu integrieren und um die Unterscheidung von Requisiten und den auf der Leinwand dargestellten Gegenständen zu erschweren. »Zeitungen berichteten, daß die Zuschauer Operngläser mitbrachten, um herauszubekommen, wo das Bild begann.«[47]

Ziel des Künstlers war aber immer der perfekte Schein, der Ersatzerlebnisse vermitteln sollte – ohne daß den Rezipienten freilich der Ersatzcharakter des Gesehenen bewußt werden sollte. Versuchte man, in den Wandermenagerien noch der Wirklichkeit habhaft zu werden, indem man Einzelstücke sammelte, trat nun im Prozeß der Wirklichkeitsaneignung die Addition von *(Ersatz-)Bildern* (bzw. die Vermittlung von Ersatzerfahrungen) zu einem neuen Ganzen in den Vordergrund. Die Mängel der Vermittung sollten durch handwerkliche Perfektion behoben werden. Radikale Ausschöpfung von Bildgröße und -arrangement waren zunächst die malereiimmananten Veränderungen. Ob im Guckkasten oder im Panoramabau, das Arrangement der Bilder versuchte die Bruchstellen zur Realität der Vorführung zu überspielen. Die Illusionskunst entpuppte sich zunächst als Inszenierungskunst. Die Kolossalgemälde des Panoramas kompensierten zudem mit ihrer Größe den Mangel, unperfekter, handwerklicher Wirklichkeitsersatz zu sein. Erst mit den kleinen und massenhaften Bildern der Fotografen fand diese Entwicklung im 19. Jahrhundert ihren Endpunkt. Der Naturalismus und die Allgegenwart der Fotografie machte sie zu einem Teil der Wirklichkeit und ließ so endgültig die Grenzen zwischen Wirklichkeit und Surrogat schwinden.

Dabei erschien den Rezipienten und Produzenten des 19. Jahrhunderts der Ersatz, das Imitat, nicht mehr als etwas Mangelhaftes. Die Imitation wurde bereitwillig vor das Originäre gestellt. Dies traf gleichermaßen kulturell wie politisch zu. Günter Liehr hat in seinem Aufsatz »Menschenbilder – Bildermenschen« die Querverbindung zwischen politischer und kultureller Praxis für die Zeit des »Second Empire« gezogen: »Die Dauershow, die das Kaiserreich entfesselte, bestand vor allem aus der schamlosen Nachahmung verflossener historischer Muster. Der Kaiser selbst führte den Reigen an und präsentierte sich als Imitation seines großen Onkels ... Spektakuläre Imitationen wurden auf allen Ebenen großgeschrieben. So wurden zur Ergötzung des Volkes ›romantische Parks‹ mit künstlichen hohen Felsen aus dem Boden gestampft, die Disney-Land vorausahnen ließen. Industriell gefertigte Gebrauchs- und Schmuckgegenstände aus Ersatzgold und Pseudobronze wurden stolz auf der Pariser Weltausstellung vorgestellt und eröffneten die Ära des massenhaft produzierten Kunstgewerbes. Ostentativ erwarb der Kaiser für seinen Hof eine ganze Geschirr-Aussteuer aus Silber-Imitat ... Mit Hilfe der Fotografie konnte das Volk in idealer Weise am inszenierten Glanz teilhaben; sie wurde zu einer Hauptstütze der Scheinproduktion.«[48] Wie der Schein die Umwelt bestimmte, so bestimmte die Illusion zunehmend die Wahrnehmung.

Bevor aber die Fotografie ihren Siegeszug antrat, gab es noch eine Reihe optischer Geräte, die der sich entwickelnden Scheinproduktion Vorschub leisteten. Allen voran die Laterna magica, die mit ihren Früh- und Vorformen bis ins 17. Jahrhundert zurückreicht. Durch die Ausnutzung einfacher optischer Gesetze vermag sie ein transparentes Bild, das durchleuchtet wird, auf eine Wand zu projizieren. Die Laterna magica ist der Vorläufer des heutigen Diaprojektors – mit dem Unterschied, daß die Projektionsbilder der Laterna magica bis in die siebziger Jahre des 19. Jahrhundert hinein gemalt waren. Erst später entdeckte man die Möglichkeit, aus Fotografien mit Hilfe des Projektors Licht-Bilder zu machen. Die Bilder erhielten durch ihre Größe, ihre starke Farbigkeit und ihr helles Strahlen sowie durch das Geheimnis, das in der komplizierten Technik der Projektion lag, ihre magische Wirkung.

Ab der Mitte des 19. Jahrhunderts waren mit diesem Gerät Vortragsreisende unterwegs, die die illusionistische Kunst der Projektion professionell betrieben. Sie unternahmen mit ihrem Publikum komplette Reisen mit dem Medium Bild – durch den Orient, durch Asien, nach Ägypten oder nach Afrika. Mit ihnen wurden Bergbesteigungen nachvollziehbar, fremde Länder und Gegenden erfahrbar. Ganz deutlich verband sich auch hier, wie in fast allen Massenmedien, die Bildung mit der Unterhaltung. Naturwissenschaftliche Vorträge, in allgemeinverständlicher und anschaulicher Form dargeboten, ließen den Kreis der Rezipienten erahnen: »Es war wohl eine nicht ungebildete, aber auch nicht wissenschaftlich ausgebildete Zuhörerschaft, der interessierte Laie also, der mit wissenschaftlichen Werken nichts anfangen kann, aber in der Lage ist, popularisierte Wissenschaft zu begreifen.«[49] Dabei verhinderte das Emanzipationsstreben des Bürgertums zunächst eine Gleichstellung von Unterhaltung und Belehrung. Es dauerte noch bis zur endgültigen gesellschaftlichen Emanzipation der Bourgeoisie, bis diese bereit war, das Medium nicht mehr allein als belehrende Vermittlungsinstanz zu begreifen und es so als Wirklichkeitssurrogat für die Massen freizugeben.

Die mit der Laterna magica arbeitenden Künstler, die nicht selten die Projektionsbilder selbst gemalt hatten, reisten von Stadt zu Stadt. Wie andere Schausteller kündigten sie ihren Vortrag in der Presse oder per Flugblatt an. Für ihre Darbietung mieteten sie sich dann einen Saal, meist ein Theater, auf dessen Bühne eine große, transparente Leinwand gespannt war. Hinter dieser standen die Projektionsmaschinen, von denen oft mehrere gleichzeitig eingesetzt wurden. So erzeugte man Überblendungen und ungewöhnliche Effekte, die vieles von der späteren Wirkung des bewegten Bildes vorwegnahmen. Dem Zuschauer diesseits der Leinwand wurde also nicht einsichtig gemacht, womit man die optischen Effekte erzielte. Hier mischten sich, wie vordem im Bänkelsang, mehrere Übermittlungsformen. Die Lichtwirkung der Laterna-magica-Projektion

9 Der Blick in eine fremde Welt: Laterna-magica-Projektionen machten den Betrachter zum Zeugen des Unbekannten und Ungiaublichen. Anonym: Nothosaurius gigantheus auf Korallenbank. Um 1870

hob mit ähnlichen Mitteln wie früher das Kirchenfenster auf die Erzeugung eines »starken Eindrucks« ab. Dabei kombinierte der Projektionskünstler gleichermaßen Wort und Bild, wie dies zuvor auch der Bänkelsänger tat. Die Vortragsform, wie auch der Inhalt des Vorgetragenen, läßt aber, anders als beim Bänkelsänger, auf einen bürgerlichen Rezipientenkreis schließen. Der »starke Eindruck« des Bildes wurde durch den belehrenden Kommentar nicht unterstrichen, sondern vielmehr gebrochen. Als Wirklichkeitssurrogat für breite Bevölkerungsschichten können derartige Vorführungen also kaum geeignet gewesen sein.

10 Anonym: Eisberge in der Nähe von Pondsbai. Um 1870

Trotzdem mühten sich die Vortragskünstler gleichzeitig um möglichst große Konkretion. Albert Smith, ein englischer Vortragsreisender, ließ sich für den Lichtbildvortrag über die Mont-Blanc-Besteigung ein Schweizer Chalet als Bühnendekoration bauen, das die Lichtbilder umrahmte. Das Moment der Unterhaltung überlagerte hier deutlich die Bildungsabsicht. »Er (der Vortragskünstler) mußte außerdem über die letzten Tagesereignisse gut Bescheid wissen und imstande sein, das literarische Material mit Hilfe der neuesten technischen Ausstattung, wie Illuminationslampen und Projektionsvorrichtungen für spezielle Effekte, aufs Beste zur Geltung zu bringen ... (er) mußte genau wissen, was das Publikum wollte und seinen Anspruch auf Programme erfüllen, bei denen der Hörer davon überzeugt war, gleichzeitig belehrt und gut unterhalten zu werden.«[50]

War es bei der Laterna-magica-Projektion die mediale Mischform, die auf das heutige Kinoerlebnis abzielte, so war es bei dem gleichzeitig populären Panorama die Befreiung des Rezipientenblicks von der Einengung der Bildgrenzen, die beim Laterna-magica-Bild sehr wohl noch existierten. Beide Medien bemühten sich um perfekte Illusion. War das eine Bild scheinbar bewegt, leuchtete es und ließ es sich zu Sequenzen addieren, so hatte es dennoch den Mangel, die Blicke der Betrachter einzuengen. Befreite das andere Bild den Blick des Rezipienten, war es naturgroß, ohne Bruchstellen und bezog es seinen Betrachter als »Mittelpunkt« des Bildes nicht nur symbolisch ein, so war dieses Bild noch statisch und ohne Leuchtkraft.

Wichtigstes illusionistisches Element im Panorama war die Aufhebung der Zentralperspektive. Hatten die Maler bis zu diesem Zeitpunkt durch den perspektivischen Aufbau ihrer Bilder die Dinge nicht nebeneinander, sondern hintereinander gereiht und damit die Blickrichtung des Betrachters genau festgelegt, nämlich auf ihre eigene, bzw. die ihres Auftraggebers, so wurde der Blick im Panorama befreit. Nicht die Illusion der Wirklichkeit stand hier im Vordergrund der Rezeption, sondern die Illusion einer realistischen Wahrnehmung dieser Wirklichkeit. Der Panoramabesucher blickte von einem erhöhten Standpunkt aus auf das ihn um 360 Grad umschließende Monumentalbild. Wie sich die Epoche darum bemühte, politische Grenzen aufzuheben, sie aus wirtschaftlichen, aber auch aus sozialen Gründen transparent zu machen, so hob das Kolossalgemälde die Blickrichtung auf, entgrenzte den Blick und überließ ihn dem freien Willen des Rezipienten. Die Macht des Feudalherren, der den Betrachtern seiner Bilder so vorschreiben konnte, nicht nur *was,* sondern auch *wie* sie zu sehen hätten, wurde im Panorama gebrochen. Der Blick konnte schweifen und sich aus dem Monumentalgemälde das herausgreifen, was ihm wichtig erschien. Wie das bürgerliche Individuum ein bislang unbekanntes Selbstwertgefühl und eine bislang unbekannte politische Macht erreicht hatte, so war auch der Blick des Individuums von der feudalen Bestimmung befreit.

Die Attraktivität dieser Schaustellung beruhte zunächst darauf, daß der Rezipient ein Kunstwerk betrachtete, das ihm nicht mehr die Art seiner Rezeption vorschrieb, in dem er sich frei bewegen konnte wie in der Natur. Damit war ein bürgerliches Medium entstanden, das sich durch seine starke illusionistische Kraft für eine massenhafte Rezeption attraktiv machte, die nicht nur auf bürgerliche Kreise beschränkt blieb. So artikulierte sich in ihm eine bürgerliche Weltsicht für alle. Das Panorama wurde zur Sozialisationsinstanz. Die »Befreiung des Blicks« hatte im Panorama aber Grenzen und Mängel, indem der Rezipient nur das betrachten konnte, was ein anderer gefertigt hatte. Die Form der Rezeption war zwar frei, wie auch die Art und Weise der Vermittlung, der Inhalt blieb dagegen vorgeschrieben. Bei der Fotografie verhält sich dies umgekehrt. Hier ist der Inhalt nicht mehr determiniert, er ist von jedem Benutzer frei zu wählen, während die Fotografie die Form der Vermittlung genau festlegt.

Horizonterweiterung durch Bilder

Gleichzeitig war das Panorama aber auch Produkt eines neuen bürgerlichen Erfahrungshungers, einer »Seh-Sucht«, die die Begrenztheit des alltäglichen Lebens überwinden wollte. Der Horizont als »Augenende« bestimmte die Grenzen der visuellen Wahrnehmung, die man ständig auszudehnen versuchte, indem man den Horizont überwinden wollte. Dies geschah zunächst durch das Besteigen von Aussichtstürmen, von speziell gebauten Aussichtsplattformen. Der Alpinismus bescherte neue Erfahrungszusammenhänge, indem er nicht nur die Linie zwischen Himmel und Erde im Unendlichen undeutlich verschwimmen ließ, sondern indem durch Höhenunterschied und Panoramablick die gesellschaftliche Wirklichkeit schrumpfte.[51]

Im 19. Jahrhundert waren es vor allem die Ballonfahrer, die sich unabhängig von natürlichen oder künstlichen Aussichtsplattformen solche Rund- und Überblicke verschaffen wollten. »Hoffnung begleitet die Erfahrung des Horizonts. Und diese an den Horizont gekoppelte Hoffnung wurde bald zum gängigen Topos. Man könnte von einer Verräumlichung der Paradiesvorstellung sprechen – nicht mehr jenseits der Schwelle des Todes, sondern jenseits des Horizonts liegt von nun an das gelobte Land. Sei es Amerika, von dem Goethe meinte, es habe es besser, und das später im 19. Jahrhundert als Land der unbegrenzten Möglich-

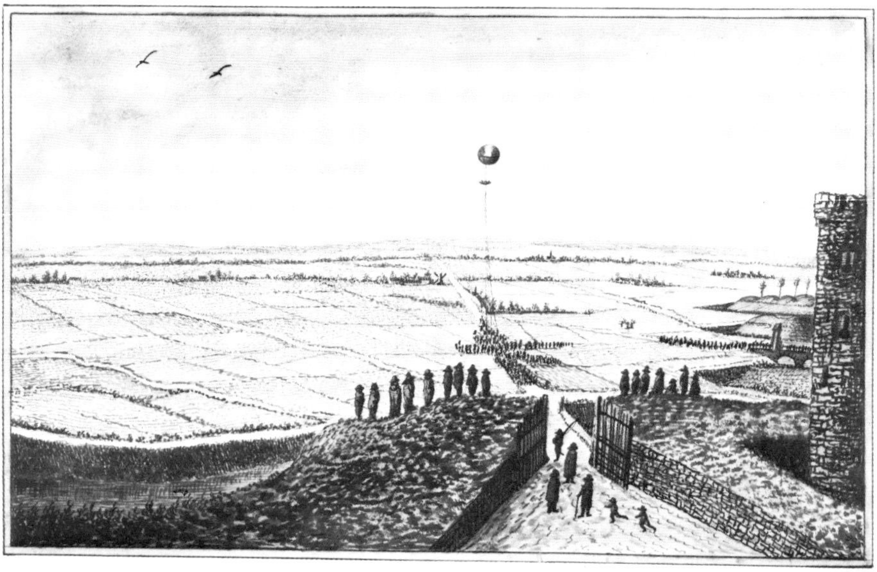

11 Den eigenen Horizont erweitern: Ballonaufstieg vor den Toren von Köln. 29. Juni 1795

keiten das Ziel so vieler enttäuschter und pauperisierter Europäer wurde, sei es die Südsee, die die Aufklärung gegen das absolutistische Europa auszuspielen versuchte und in die um 1900 die Maler flohen, oder all die anderen, billigeren Utopias, die die Touristenwerbung anpreist: all diese Paradiese liegen außerhalb dieser Linie, bis zu der man – im wörtlichen wie übertragenen Sinn – gucken kann. Am Horizont, und scheinbar nur an ihm, siedelt für den Bürger die Hoffnung. Wohin und wie weit man auch schaut, herrschen Mühe des Alltags, Verdruß und politische Verfolgung: der Horizont ist die Scheidelinie, die das tägliche Schlechte vom möglichen Guten trennt.«[52]

Die Illusion des Panoramas bestand also nicht nur darin, die Natur mit Hilfe der Technik zu imitieren, sondern eine Wahrnehmungsmöglichkeit zu bieten, die den Grenzen der sozialen Bedingtheit enthoben zu sein schien. Wie früher der Jahrmarkt, konfrontierte das Panorama seinen Betrachter mit Einsichten, die ihm zuvor nicht möglich gewesen waren. Es stillte den Wunsch, eine bessere oder nur andere Welt zu erfahren, dessen Befriedigung die reale Welt jedoch nicht zuließ. Dabei trägt das Massenmedium, wie all seine Nachfolger auch, den Wesenszug, daß es diese Bedürfnisse zeitweilig zwar zu befriedigen versteht, daß es aber an den Ursachen für diese Bedürfnisse keine Veränderung zuläßt.

Es ist also nicht weiter verwunderlich, daß im Verlauf des 19. Jahrhunderts mehr und mehr kleinbürgerliche und proletarische Bevölkerungsschichten das Panorama besuchten. Ihr Horizont wurde von den Fabriktoren bestimmt, außerhalb derer ein Utopia liegen mochte. Der Erfahrungshunger war keine abstrakte Suche nach der Überwindung des mathematischen Horizonts, sondern der Versuch, über das vor einem liegende Elend hinwegzusehen, es aus der Vogelperspektive heraus schrumpfen zu lassen. Alltag und Panorama schienen sich zu krassen Gegenpolen herauszubilden: »Auf der einen Seite rauschhafte Aufbruchstimmung, am Horizont aufscheinende bürgerliche Freiheit, die die Ideologie nach Befreiung des Menschen überhaupt verhieß, auf der anderen Seite die Realität immer neuer Einengungen und Begrenzungen.«[53] Und je größer die Einengungen und Begrenzungen wurden, um so größer wurde auch der Wunsch, ihnen zu entfliehen.

Dabei unterlag das Panorama einem erheblichen Nachteil, es war nicht mobil. Die Rezipienten mußten zu ihm kommen, was seine Attraktivität schnell schmälerte und den Kreis der Besucher begrenzte. Diesen Mißstand hob erstmals die Fotografie auf. Sie kam zu ihren Rezipienten und erschien als das ideale Medium, den ständig wachsenden Erfahrungshunger nachhaltig zu stillen. Dabei hatte das Panorama bereits wichtige Vorarbeit geleistet: In ihm wurde die natürliche Erfahrung endgültig von einer künstlichen abgelöst. Doch war das Panorama noch auf handwerkliche Fertigung angewiesen, während die Fotografie die Wirklichkeitsvermittlung auf den technischen Stand der Zeit brachte. Wer sich diesen Bildern aussetzte, der war bereit, die Grenzen zwischen Illusion und Wirklichkeit zu vernachlässigen, der erlag der täuschenden Echtheit der Illusionskunst. Dies geschah im Panorama nicht zuletzt durch die Unbegrenztheit des Blicks, das umfassende Bild wollte eine umfassende Erfahrung vermitteln. »Das Schweifen dieses Blicks ist nur scheinbar ziellos: er geht aufs Ganze.«[54] Die Fotografie löst diese Ganzheit auf, sie isoliert den Blick wieder, knüpft eigentlich an die Tradition der Malerei an, die den Blick des Betrachters mit der Perspektive in ihre Bahnen zwingt.

Aber die Fotografie besitzt eine ganze Reihe von Eigenschaften, die sie in der Gunst derer, die sich ihrer bedienen, so hoch stehen ließ: Fotografie ist flexibel, einem großen Publikum zugänglich, billig und vor

12 Die Fotografie liefert Abziehbilder der Wirklichkeit, die jenseits des eigenen Erfahrungshorizontes liegt. Felice A. Beato: The Sphinx and Pyramid of Cheops in Distance, 1865

allem detailgenau. Ihr Naturalismus befreit die Bildproduktion endgültig aus den Sphären der Kunst. Sie ist eine volkstümliche, allgemeinverständliche Form, die zur Rezeption scheinbar keine Vorbildung und kein Kunstverständnis voraussetzt. Die Brechung der Realität im Bild wird in der Fotografie von den Betrachtern nicht empfunden. Die komplexe Seherfahrung, die das Panorama bot, wird von ihr zwar zerstört, gleichzeitig ist sie aber besser zugänglich, und in ihrem Naturalismus wird sie als Stück der vorenthaltenen, fremden Realität akzeptiert. Der umfassende Rundblick wird zum aufgespaltenen Einzelblick, der nicht mehr am Horizont entlanggeht, sondern ihn zu übersteigen vermag, indem er reale Bilder von seinem Jenseits herüberbringt, ob dieser Horizont nun der abstrakt mathematische oder der durch die Fabrikmauer bestimmte ist.

Die Addition der Bilder zur Bilderwelt

Mit dem Aussterben der Panoramen, die zuletzt als mobile »Kleinpanoramen« auf allen Jahrmärkten vertreten waren, gewann die Fotografie ständig an Bedeutung. Doch sie war, bis zur Geburtsstunde der Amateurfotografie in den neunziger Jahren des 19. Jahrhunderts, ein Geschäft von Fachleuten, das sehr wohl das Bedürfnis nach privaten Abbildern, nicht aber die Bildersucht, den Erfahrungshunger der breiten Massen befriedigen konnte. Reportagefotografie war noch eine Seltenheit, und der Bildjournalismus erreichte erst mit der Erfindung neuer, kleiner Kameras im 20. Jahrhundert eine entsprechende Breitenwirkung. So griff man zu einem anderen Surrogat, das sich seit den achtziger Jahren in einer neuen Form, dem »Kaiserpanorama«, der Öffentlichkeit darbot. Das Kaiserpanorama hatte von seinem Namensgeber, dem eigentlichen Panorama, lediglich die kollektive Rezeption übernommen, und selbst sie blieb nicht mehr in ihrer ursprünglichen Form bestehen. Im Kaiserpanorama nahm man auf einem Stuhl Platz, der vor einem Holzzylinder von mehreren Metern Durchmesser aufgestellt war. Durch einen Sehschlitz in dem Bretterrund schaute man auf ein Foto. Dieses war auf einem zweiten, innenliegenden Zylinder montiert, der sich drehte. Nach und nach konnte man so durch seinen Sehschlitz alle hintereinander aufgereihten Bilder des inneren Zylinders betrachten.

Die Bilder wurden nach Ablauf einer bestimmten Betrachtungszeit weitergedreht, nicht ohne vorher mit einem Klingelzeichen den Bilderwechsel anzukündigen. Diese Technik, die erstmals 1880 von August Fuhrmann, einem Physiker in Breslau, der Öffentlichkeit vorgestellt wurde, bewirkte, was später mit der Bilderflut zur Regel wurde: die Auflösung der Zusammenhänge, die Neuordnung der Welt in sich gegenseitig nivellierende Einzelbilder. Jedes hat nur so lange Bestand, wie man es betrachten darf. 50 Fotos als Ausschnitt der Wirklichkeit zu konsumieren, verwischt die Grenzen zwischen den Bildern und addiert sie nicht mehr zu einer *Erfahrung*, sondern zu einem *Eindruck*.

Damit zeigt sich die Fotografie bereits hier als Vorläufer des Films, des »bewegten Bildes«, das die Statik der Fotografie zu überwinden trachtet. Das Medium Fotografie, das auf lichtdurchlässigem Material gebannte Abbild, kann erst im Kino wieder zur perfekten Täuschung werden, indem es alle illusionistischen Vorzüge früherer Medien zusammenfaßt. Die Kinovorführung findet im verdunkelten Raum statt, der den Betrachter von der Außenwelt ebenso isoliert wie von seinem Nachbarn. Hier tauchen die Figuren des Bänkelsangs als Stars wieder auf; sich mit ihnen zu identifizieren wird über den Naturalismus des Mediums noch erleichtert. Hier ist die Berührung mit der Exotik der fremden Welt, unmittelbar möglich, hier ist der Blick des Betrachters durch die Schwenks der Kamera scheinbar unbegrenzt. Zeit und Raum rücken beliebig aneinander. Hier werden alle Nachteile der früheren Medien, einschließlich der Fotografie, in perfekter Art und Weise aufgelöst.

Das »Kaiserpanorama« versuchte erstmals gegen den Mangel der Einzelbildrezeption in der Fotografie anzugehen. Hier wurden die Bilder, wie später im Kino, zu einer Geschlossenheit addiert, die keine Brüche in der illusionistischen Wirkung mehr zulassen will.

Wie groß die »Seh-Sucht« war, die die Kaiserpanoramen zu stillen versuchten, verdeutlicht der enorme wirtschaftliche Erfolg, den Fuhrmann mit seiner Erfindung hatte. »Früh schon hatte Fuhrmann begonnen, ganz Deutschland mit einem Netz von Kaiserpanoramen zu überziehen. Zeitweise waren es mehr als 250 Niederlassungen . . . ›Meine Lebensaufgabe, die ich mir zum Ziel gesteckt habe‹, schreibt August Fuhrmann, ›war es, das Sehenswerte der Erde stereoskopisch aufnehmen zu lassen, (um es) in geordneten Reise- und Städtezyklen vorzuführen.‹ In kürzester Zeit brachte der Monomane ein Archiv von 125 000 verschiedenen Bildern zusammen. Für diesen Imperialismus des Auges beschäftigte er eine ganze Truppe von Fotografen, die er rund um den Erdball, an alle pittoresken Orte, zu jedem sensationellen Ereignis jagte.«[55]

Da Reisen trotz der Industrialisierung noch immer ein Privileg war, darf es nicht verwundern, daß das Surrogat Fotografie von den Rezipienten bereitwillig als Studienobjekt akzeptiert wurde. Gerade die Leichtigkeit der Aneignung erschien den damaligen Betrachtern der Bilder als enormer Vorzug gegenüber der tatsächlichen Reise. Der deutsche Unternehmer Liesegang schrieb 1864 über die Beliebtheit der frühen stereoskopischen Bilder, die erst später mit den Kaiserpanoramen die Massen erreichten: »Durch die Verbindung von Fotografie mit dem Stereoskop ist eine neue Kunst, die Stereoskopie, entstanden, die sich im letzten Dezennium ungemein vervollkommnet und verbreitet hat. Millionen von Stereoskopbildern aus allen Teilen der Welt sind in dieser Zeit in den Handel gekommen, so daß man jetzt bequem und ohne Gefahren zu Hause durch eigene Anschauung ferne Länder studieren und durcheilen kann. Welchen Reiz gewährt es nicht, sich durch die Betrachtung dieser magischen Bilder wieder an solche Orte zu versetzen, wo man angenehme Stunden verlebt und die man liebgewonnen hat ... Das schönste und an das Wunderbare grenzende aber sind die bei augenblicklicher Belichtung gemachten Aufnahmen ... Man sehe nur die Boulevards und Plätze von Paris, die Regentstreet von London, den Broadway von New York, mit ihren Omnibussen und Wagen, Fußgängern und Reitern, die Silkstreet zu Hongkong mit ihren Händlern und Käufern, kurz ihrem ganzen Verkehr und Treiben, alles wie durch einen Zauberschlag gebannt und das interessanteste Studium zulassend, den Charakter des öffentlichen Lebens in den geringsten Details wiedergebend.«[56] Der Erfahrungshunger derjenigen, denen reale Erfahrungen versagt blieben, hatte so offensichtlich eine optimale Befriedigung gefunden. Ohne am Privileg des Reisens partizipieren zu können, schien man alle Erfahrungen auf dem Hocker des Panoramas nachvollziehen zu können. Das Massenmedium Fotografie hat bis heute die Funktion übernommen, kompensatorisch Wirklichkeit zu vermitteln. Es bewegt sich in der Ambivalenz zwischen den Bedürfnissen seiner Benutzer, ihrer »Seh-Sucht«, und den dem Medium eigenen Grenzen, die es durch seinen hohen Naturalismus überspielt.

Die Auflösung der Wahrnehmungszusammenhänge – zwei Beispiele: Eisenbahn und Kaufhaus

Die Auflösung des Wahrnehmungszusammenhanges, die Aneinanderreihung fremder Orte und Personen, diverser Zeiten und Situationen, wie Ende des 19. Jahrhunderts vom Kaiserpanorama praktiziert, war vor der Technisierung der Medien bereits an anderen Orten eingeübt worden. Wahrnehmung wurde nicht allein über die gesteigerte Quantität der Bilder verändert, das Maschinenzeitalter produzierte gleichzeitig eine neue Qualität, indem Raum und Zeit zu variablen Größen wurden. Die Industrialisierung weitete zwar den Erfahrungshorizont der Gesellschaft, doch die Erfahrungen, die sie ermöglichte, waren nicht mit den medial vermittelten der vorindustriellen Zeit zu vergleichen. Sie erreichten eine ganz neue Qualität, die mit der Technisierung des Alltags (und damit der des Blicks) zusammenhängt. Die Quantität des visuellen Erfahrungsangebots nahm ständig zu, während gleichzeitig der Blick

13 Die Veränderung der Wahrnehmung durch Geschwindigkeit: Eröffnung der Köln-Koblenzer Eisenbahn. Dezember 1858

segmentiert wurde. Die komplexe Einheit früherer Erfahrungsräume, zum Beispiel des Panoramas, fiel in zusammenhanglose Versatzstücke auseinander. Wichtigster Wegbereiter dieser neuen, segmentierten Wahrnehmung war die Eisenbahn.

Die Geschwindigkeit der auf Schienen rollenden Dampfmaschine überstieg alles bisher Dagewesene. Wurden Reisen zuvor mit der Kutsche, zu Pferd oder zu Fuß durchgeführt, war die Geschwindigkeit der Fortbewegung also immer so, daß der komplexe Sehzusammenhang nicht zerstört wurde, bewegte sich die Eisenbahn so schnell fort, daß sie ihren Passagieren nur eine beschränkte Wahrnehmung ermöglichte: Mit der Geschwindigkeit verschwimmt die unmittelbar vor dem Wagenfenster liegende Landschaft. Sie ist nicht mehr wahrzunehmen – wenn überhaupt, dann in Silhouetten und Schatten. Der Blick orientiert sich am Horizont, an dem sich langsam, aber kontinuierlich das Landschaftsbild verändert. Es fließt vorbei, ohne daß der Betrachter es anhalten könnte.

Als Folge des durch die Geschwindigkeit unscharf gewordenen Vordergrundes und des sich unablässig verändernden Horizonts stellt sich beim Betrachter die Unfähigkeit ein, Natur noch zu erfahren. Der Raum, den man mit der Eisenbahn durchfährt, verliert sein Gesicht, er wird anonym. Gleichzeitig verändert die Reisegeschwindigkeit das Zeitgefühl. Reisedistanz und Zeitaufwand, die Jahrhunderte und Jahrtausende miteinander korrespondierten, scheinen jetzt auseinanderzufallen. Wer im Zug reiste, durchfuhr nicht mehr die Wirklichkeit, sondern raste quasi durch einen Tunnel, der Raum und Zeit ausklammerte. »Die Vorstellung, daß die Eisenbahn Raum und Zeit vernichte, ist zu verstehen als ein solcher Wirklichkeitsverlust der Wahrnehmung, die die Verkehrstechnik, von der sie geprägt ist, plötzlich durch eine vollkommen neue ersetzt findet. Das Raum-Zeit-Verhältnis, das die Eisenbahn schafft, erscheint gegenüber dem eotechnischen als abstrakt und desorientierend, weil die Eisenbahn in ihrer Realisierung der Newtonschen Mechanik all das genau negiert, was den eotechnischen Verkehr charakterisierte: Sie scheint nicht mehr wie die Kutsche und die Straße eingebunden in den Landschaftsraum, sondern durch diesen geschlagen.«[57]

Der Reisende verliert den Kontakt zu dem, was um ihn herum geschieht. Er verliert aber nicht nur den Kontakt, sondern auch die Kontrolle über das, was visuell auf ihn einstürmt. Das Panorama, in dem der Betrachter seinen Blick wandern lassen und anhalten konnte, zieht jetzt ohne Einhalt vor dessen Augen vorbei. Dieses neue Panorama potenziert die Anzahl der Reize und läßt gleichzeitig keine Wahrnehmung von Details mehr zu. Vielmehr ermöglicht es lediglich Überblicke und verzichtet auf die Tiefenschärfe, indem der Vordergrund zu völliger Unschärfe verwischt.[58] »Eine Erfahrung von Verflüchtigung gibt es für diesen Blick nicht mehr, weil die verflüchtigte Wirklichkeit seine neue normale Wirklichkeit geworden ist, oder anders gesagt, weil der Raum, in dem die Verflüchtigung sich am deutlichsten zeigte, der Vordergrund, für den panoramatischen Blick keine Existenz mehr hat. Verschwindet der fürs traditionelle Reisen so wesentliche räumliche Nahbereich des Vordergrunds mit der Eisenbahn, so tritt gleichzeitig an seine Stelle ein neuer Bereich, den es vorher nicht gab. Die Lektüre wird ... zum Signum des Eisenbahnreisens. Die Verflüchtigung der Wirklichkeit und ihre Wiederauferstehung als Panorama erweisen sich als die Voraussetzung dafür, daß der Blick sich vollends von der durchreisten Landschaft emanzipiert und in eine imaginäre Ersatzlandschaft, die Literatur, begibt.«[59]

Dies bedeutet, daß der Fahrgast zum passiv Reisenden wird, dessen Reise lediglich von ihrem Anfangs- und Endpunkt markiert wird. Dazwischen liegt ein Niemandsland, das sich seiner Wahrnehmung verschließt. Der Rückgriff auf die Lektüre ist eine Folge der Langeweile, aber auch der Suche nach einem Ersatz für die unmöglich gewordene Erfahrung. Die Lektüre läßt nicht nur den Raum zwischen den zurückgelegten Orten, sondern auch die Zeit, die zur Reise benötigt wird, ins Unbestimmte weichen. So scheinen die Orte, die zuvor noch unerreichbar weit voneinander entfernt lagen, aneinanderzurücken, nicht allein durch die Verkürzung der Reisezeit, sondern auch durch die Unmöglichkeit, diese Reisezeit mit visuellen Erfahrungen zu belegen. Die Eisenbahn wird zum Zeittunnel, der Unzusammenhängendes verbindet, Altes einander neu zuordnet und so völlig neue Zusammenhänge herstellt. Mit der Geschwindigkeit der Eisenbahn und der damit verbundenen Reizüberflutung der Reisenden wird die Fahrt zu einer Art Schlaf, aus dem man an anderem Ort zu anderer Zeit aufwacht.

Genau diese Art der Wahrnehmung bewirkt auch die Fotografie, indem sie die Bindeglieder zwischen einzelnen Bildern eliminiert, den Kontext der Realität ausspart. Fotografien rücken Ort und Zeit beliebig zusammen, lösen die Zusammenhänge auf und addieren sich zu einem beliebigen Bilderreigen, der nicht länger Rücksicht auf logische, zeitliche oder politische Sachverhalte nehmen muß. Diese Bilder ergeben ein Surrogat der Wirklichkeit. Sie alle entstammen der Wirklichkeit, ohne noch wirklich zu sein. Als Surrogat sind sie harmlos, beliebig und verfügbar.

Mit dem Phänomen der Reizüberflutung wurden die Zeitgenossen im 19. Jahrhundert aber noch an zahlreichen anderen Orten konfrontiert. Auch wenn an diesen der Zusammenhang von Raum und Zeit nicht so unmittelbar wie in der Eisenbahn aufgelöst wurde, so läßt sich an ihnen doch die Konsequenz, aufgrund übersteigerter Reizanhäufung zu Erfahrungen unfähig zu sein, ablesen.

Ein weiterer Ort derart rauschhafter Sinneseindrücke, die über die Quantität und nicht über die Qualität einzelner Reize entstanden, war im 19. Jahrhundert das Kaufhaus. Es hob die Zersplitterung des Einzelhandels und damit des Warenangebotes auf, ballte dieses auf engstem Raum und wurde für die Menschen so zu einem völlig neuen Wahrnehmungserlebnis. Das Kaufhaus vollendete, was die Messen und der Jahrmarkt begonnen hatten, aber nur unvollständig realisieren konnten: Im Potpourri der Waren wurde das Kaufhaus zum Treffpunkt der Welt und für

14 Die Folge der Reizüberflutung: Bekämpfung der Langeweile durch Reiselektüre. Anonym: Fahrgäste 3. Klasse

seine Besucher zur Erfahrung der Fremde. Beförderte die Eisenbahn das Volk in die Fremde, so brachte das Kaufhaus die Fremde zum Volk.

Wie die Eisenbahn die Grenzen zwischen Raum und Zeit fließend macht, so verschwimmt im Kaufhaus das Warenangebot zu einer unüberschaubaren Warenpalette, die nicht mehr ansprechen, sondern verwirren will. Mit dem demonstrativen Überfluß überfordert das Warenhaus jeden Versuch ordnender Wahrnehmung. Emile Zolas Roman »Paradies der Damen« beschreibt den Kaufhausbetrieb, seine Verkaufsmechanismen und seine Wirkungen: »Alle waren sich darüber einig, daß der Chef der beste Dekorateur von ganz Paris sei, ein wahrhaft revolutionärer Dekorateur, der in der Kunst der Schaufensterdekoration die Schule des Brutalen und Kolossalen begründet hatte. Er verlangte scheinbar ungeordnete, wie zufällig aus den geleerten Fächern herausgefallene Massen und wünschte, daß sie in den glühendsten Farben flammten und sich wechselseitig in der Wirkung steigerten. Den Leuten müßten die Augen wehtun, wenn sie aus dem Geschäft kämen, pflegte er zu sagen.«[60] Wie der Eisenbahnreisende aufgrund der Übermacht der visuellen Reize in eine Aufnahmeunfähigkeit verfällt, wird dies auch beim Besucher des Kaufhauses absichtlich angestrebt.

Daß den Kunden die Augen schmerzen sollen, meint nichts anderes, als sie durch das sensationelle und im Überfluß vorhandene Warenangebot bis an die Grenzen ihrer Aufnahmefähigkeit zu provozieren. Der Effekt ist ähnlich wie im Eisenbahnabteil, man verliert die Kontrolle über sich, wird passiv und hilflos dem Reizüberangebot ausgeliefert. Während sich der Eisenbahnreisende auf die Lektüre zurückziehen kann, sich Ersatz sucht in seiner Passivität, wird der Kaufhausbesucher nicht entlassen, er bleibt noch insofern aktiv, als daß er mit dem Strom der Besucher durch das Haus geführt wird, von einem Angebot zum nächsten. »Die Zeit verfliegt mit dem Betrachten der verschiedensten Rayons, der Toiletten der einkaufenden Damen, der Unterhaltung und anderem, und wenn man an der Uhr plötzlich sieht, daß es höchste Zeit sei heimzukehren, so macht man oft wohl gleichzeitig die Wahrnehmung, daß man anstatt der einen Cravattenschleife, die man anfänglich kaufen wollte, mit einem ganzen Bündel der verschiedenartigsten Sachen beladen ist. Eine Zeitlang spürt man dann vielleicht Reue, und nimmt sich vor, nicht wieder so leichtsinnig zu sein, aber sobald man das Warenhaus betreten hat, um einen kleinen Einkauf zu machen, wiederholt sich das Schauspiel aufs neue. Und zwar spüren die Frauen der verschiedensten Gesellschaftsklassen gleichmäßig die Anziehungskraft . . .«[61]

Der von Stresemann beschriebene Verlust des Zeitgefühls hängt wie bei der Eisenbahnreise mit der Unfähigkeit zusammen, visuelle Erfahrung und zeitlichen Ablauf zu koordinieren. Der Hinweis, daß dies bei allen sozialen Schichten gleichermaßen zutreffend ist, verdeutlicht, daß dem Phänomen mit intellektueller Weitsicht nicht beizukommen war. Stresemann beschreibt eine unkontrollierte Handlung, die man erst zur Kenntnis nimmt, nachdem man vor der Tür des Kaufhauses aus dem tranceartigen Zustand erwacht. Ähnlich wie früher der Jahrmarkt, bietet das Kaufhaus ungewöhnliche und ungewohnte Erfahrungen. Es steigert diese aber zu einer Quantität, die ihre bewußte Wahrnehmung verhindert. Die Fülle der visuellen Erfahrungsangebote ist so groß, daß sie zu einem einzigen kulminieren. Dem Kunden wird eine neue Wahrnehmung der Welt antrainiert, eine Wahrnehmung, die über der Quantität die Komplexität vernachlässigt. Der »starke Eindruck«, den der mittel-

15 Reizüberflutung im Warenmeer: Verkaufsraum des Kaufhofes

alterliche Betrachter von Kirchenfenstern gewinnt, läßt sich in einer Linie von der Kirche über den Jahrmarkt, das Panorama, das Reiseabteil und das Kaufhaus weiterverfolgen. Mit Abnahme der ästhetischen Qualität zugunsten einer Quantität von Sinnesreizungen wandelt sich der »starke Eindruck« zur Trance. Dabei wird im Kaufhaus die Wahrnehmungserweiterung erstmals nicht dem Erfahrungshunger, sondern dem Konsumanreiz unterworfen. Die Trance hat nicht mehr Erfahrung, sondern Enthemmung zum Ziel.

Es gibt in der Mediengeschichte also eine ganze Reihe früher Ausstellungsformen, die visuelle Wahrnehmung und reale Erfahrung gleichermaßen zu verknüpfen suchten. Die Kirchenfenster, der Jahrmarkt, der Zoo, das Museum, das Panorama, die Eisenbahn und das Warenhaus, sie alle sind in der Geschichte trivialer Massenmedien die Vorläufer der Fotografie, weil sie Wahrnehmungsformen einüben, die *quantitativ* vom Bildermangel und Erfahrungshunger zur Bilderschwemme und Reizüberflutung hinsteuern – und weil sie *qualitativ* auf eine immer stärkere Konkretion und Einbeziehung der Rezipienten in die Vorführung ausgerichtet waren. Diese Vorführungen waren (qualitativ und quantitativ) zunächst mit unterschiedlichen Mängeln behaftet: Die Kirche zeigte bereits früh Bilder, die in ihrer medialen Form durchaus fortschrittlich waren, die aber aus der realen Welt hinauswiesen, sich von ihr abheben wollten. Diese Bilder zeigten Fremdes und mußten den Rezipienten gleichzeitig fremd bleiben. Nicht die Bedürfnisse der Betrachter, sondern ein Moralkodex spiegelte sich in ihnen. Der Jahrmarkt als säkularisierter Treffpunkt der Massen konnte nur ein flüchtiges, vergängliches Erlebnis vermitteln, während im Gegensatz dazu das Museum (zum Beispiel das Naturkundemuseum) die Fremde zwar konservierte, sie aber immer nur als tote Materie vorführte. Dies änderte sich mit den Panoramen und Dioramen. Sie wollten mittels Illusion Erfahrungen transportieren, wobei ihr Nachteil darin bestand, daß diese Erfahrungen nur Scheinerfahrungen waren, an denen der Rezipient unbeteiligt bleiben mußte.

Das 19. Jahrhundert als Trainingsfeld einer neuen technischen Wahrnehmung

Das vorrangige Ziel neuer Medien war also zunächst die Aufhebung der Diskrepanz zwischen vorgeführter Inszenierung und alltäglicher Erfahrung. Die Illusion sollte nicht mehr Widerpart der Wirklichkeit sein, sondern ein Bestandteil von ihr. Dabei wurden Reise und Kaufhaus zu den wichtigsten Erprobungsfeldern. Hier agiert der Rezipient selbst in der Inszenierung, er kann sich erstmals aktiv die ihm ansonsten fremde Welt aneignen. Daß die Erfahrung der Welt durch Trance geschieht, wird dabei nicht als Mangel empfunden, im Gegenteil, die Trance läßt Person und Inszenierung eins werden. Betritt man ein Kaufhaus, so betritt man auch die Inszenierung, ist selbst ein Teil von ihr. Faszination und Trance erleichtern die Integration in dieses Szenario.

Das Kaufhaus übernimmt mediale Bestandteile früherer Wahrnehmungsräume, zum Beispiel des Panoramas: Das Schaufenster, nicht zufällig eine Art Kleinpanorama, verbindet die Elemente von Sehen und Zeigen. Damit bezieht es sich auf die Tradition des Theaters, auf dessen triviale Form, die Schaubude, gleichzeitig praktizieren diese Konsumpanoramen durch ihr geballtes Auftreten und die damit verbundene Reizüberflutung auch das Sehen und Wahrnehmen in medial fortgeschritteneren Formen wie dem Film. Im Film taucht auch die Trance

16 Das Schaufenster als Kleinpanorama: Schaufensterwettbewerb in Berlin. 1910

wieder auf, die der Wahrnehmung im Kaufhaus ähnlich ist. Kracauer spricht bei der Kinorezeption von einer »hypnotischen« Wirkung des flimmernden Kinobildes, das den Blick des Betrachters gefangenhält. Die Fotografie mit ihrer eher distanzierten, segmentierten Wahrnehmung fällt folglich bereits aus dem Rezeptionsmuster moderner Wahrnehmungsformen heraus. Als die Fotografie an Popularität gewann, existierten bereits Wahrnehmungsräume und -muster, die fortschrittlicher waren als das junge technische Bildmedium. Tatsächlich kann es nur Übergangsform sein zu einer komplexeren Illusionskunst.

Auffallend ist dabei, daß mit der Verbreitung neuer Wahrnehmungsräume der existierende Erfahrungshunger nicht nur befriedigt, sondern gleichzeitig auch neu erzeugt werden konnte. Der Warenverkehr im Kaufhaus öffnet nicht nur neue Lebensräume, sondern mit ihnen auch den Wunsch, sie sich anzueignen. Bedürfnisbefriedigung und Bedürfnisweckung kulminieren im gleichen Objekt, wobei die Aktivierung und Einbeziehung des Rezipienten eine maßgebliche Rolle spielt. Der war zudem bereit, sich einbeziehen zu lassen. Im Rausch der Sinne ließ sich sein in der Fabrikhalle abgestumpfter Erfahrungshunger stillen. Alle Medien zielen auf eine völlige Vereinnahmung der Menschen ab. Je besser diese Vereinnahmung gelingt, um so perfekter ist das Medium. Das technisch fortschrittlichste Medium war im 19. Jahrhundert die Fotografie. Sie war von ihren apparativen Möglichkeiten am weitesten fortentwickelt, gleichzeitig aber von dem Ziel, den Menschen völlig zu vereinnahmen, weiter entfernt als die sie umgebenden Erfahrungsräume.

Ziel des Einsatzes der Fotografie war die Abbildung der Wirklichkeit, wobei der Mensch zum Produzenten wurde. Im 20. Jahrhundert ist dieses fortschrittliche Medium als Übergangsmedium von der Medienentwicklung überrollt worden. Die neueren Medien wie Film, Fernsehen oder Video geben sich nicht länger mit der bloßen Darstellung von Realität zufrieden, sie streben vielmehr eine perfekte Einbeziehung des Betrachters an. Die Helden der Serienkrimis und Seifenopern sind ihm wie gute Freunde. War der Mensch im 19. Jahrhundert bei der Fotografie noch Produzent, wird er bei den Medien des 20. Jahrhunderts vornehmlich zum Rezipienten, an dem Erfahrung in Form von Unterhaltung praktiziert wird. Diese neue Medien schließen den Kreis der Wahrnehmungs- und Erfahrungserweiterung mit der perfekten Illusion, die nicht tot, nicht vergänglich und vor allem nicht mehr als medial vermittelt wahrgenommen wird. Die Illusion und Vereinnahmung der frühen Erfahrungsräume und die technische Fortschrittlichkeit der Fotografie kulminieren in den pefekten Massenmedien des 20. Jahrhunderts. Illusion selbst wird hier zum Leben.

Die Medien treten dem Rezipienten in einer Geschlossenheit entgegen, die alle Wahrnehmung nicht mehr vom Willen und der Fähigkeit des Wahrnehmenden abhängig macht, sondern diese durch die sich ständig perfektionierende Inszenierung bestimmt. Perfekt ist hier die Wahrnehmung *fremder* Blicke mit *eigenen* Augen. »Während die Kulturindustrie ... unleugbar auf den Bewußtseins- und Unbewußtseinsstand der Millionen spekuliert, denen sie sich zuwendet, sind die Massen nicht das Primäre, sondern ein Sekundäres, Einkalkuliertes; Anhängsel der Maschinerie. Der Kunde ist nicht, wie die Kulturindustrie glauben machen möchte, König, nicht ihr Subjekt, sondern ihr Objekt. Das Wort Massenmedien, das für die Kulturindustrie sich eingeschliffen hat, verschiebt bereits den Akzent ins Harmlose. Weder geht es um die Massen an erster Stelle, noch um die Techniken der Kommunikation als solche, sondern um den Geist, der ihnen eingeblasen wurde, die Stimme ihres Herrn.«[62]

Die »Stimme ihres Herrn«, die die frühen Massenmedien und Erfahrungsräume bereits vernehmen lassen, war damals noch undeutlich und nur schwach artikuliert. Beim Wandel von der statischen Gesellschaft zur dynamischen läßt sich das Ziel der Massenmedien deutlicher identifizieren: Der Erfahrungshunger wird zu einem Streben aus der Welt heraus, hinein in utopische Freiräume. Nicht mehr Wirklichkeitserfahrung, sondern Erfahrung an sich wird angestrebt. Dieses Defizit füllen die Massenmedien mit wachsender Perfektion aus, indem sie bereitwillig ein perfektes Utopia, das hinter dem Horizont des Alltags vermutet wurde, diesseits inszenierten. Die Medien des 19. Jahrhunderts sind lediglich Experimente, unfertige und unvollkommene Vorstöße in diese Richtung. Diese Vorstöße entwickeln sich nicht logisch stringent, sondern eher parallel und manchmal scheinbar anachronistisch. Den Menschen zu integrieren, ihn zum »Objekt« zu machen, das gelingt erst, nachdem die Mängel einzelner Frühmedien eliminiert und deren Vorzüge zu einem neuen Medium addiert worden sind. Diese neuen Medien haben folglich den Zustand der Reinkultur verlassen, sie sind Mischformen aus Sprache und Bild, aus panoramatischem Blick und Großaufnahme, aus Einzelbild und Sequenz, aus unterschiedlichsten Themenbereichen, aus Exotik und Alltag, aus Wachsein und Trance. Das 19. Jahrhundert ist also nicht nur ein Versuchsfeld für neue Medien, es ist auch ein Übungsfeld für das Training einer neuen, technischen Wahrnehmung.

II Die Fotografie als Ware: Fotogeschichte als Wirtschaftsgeschichte

In der bisherigen Geschichtsschreibung der Fotografie haben Technik und Ästhetik im Mittelpunkt des Interesses gestanden. So setzt die Fotogeschichte des 19. Jahrhunderts ihre Einschnitte vor allem bei den chemischen und physikalischen Innovationen des Mediums. Fotografie ist ein technisches Mittel zur Bildherstellung, dessen Ästhetik und Motive von der Technik zwar nicht bestimmt, so doch maßgeblich beeinflußt werden. Folglich liegt es nahe, Fotogeschichte als Technikgeschichte zu schreiben.

Neben der Technikgeschichte gibt es eine Reihe von Untersuchungen zur Stilgeschichte und dem Verhältnis der Fotografie zur Kunstproduktion.[63] Unberücksichtigt bleiben in derartigen Untersuchungen aber bis heute die nichtkünstlerischen Bereiche der Bildherstellung. Fotografie ist nicht allein ein ästhetisches Produkt, sondern auch eines, das sich auf dem Markt als Ware zu behaupten hat. Massenmedien setzen ein Massenbedürfnis nach ihnen voraus. Das impliziert aber, den Herstellungsprozeß dieser Ware so preisgünstig zu halten, daß sie für eine breite Käuferschicht erschwinglich wird. Massenmedien gehorchen aber außer einem Massenbedürfnis oder einem Massengeschmack auch den ökonomischen Möglichkeiten ihrer Käuferzielgruppe. Dies bedeutet, daß die Verbreitung der Fotografie nicht nur bild- und medienimmanent untersucht werden darf. Der gesellschaftliche Stellenwert des Mediums wird am deutlichsten, wenn man die Fotografie unter dem Aspekt ihres Warencharakters analysiert. Das soll hier am Beispiel der Fotopioniere des 19. Jahrhunderts geschehen, deren Produktivität in einem recht unmittelbaren Zusammenhang zu den politischen, wirtschaftlichen und sozialen Veränderungen steht.

Am 15. Dezember 1835 schrieb der Erfinder Daguerre in einem Brief: »Ich habe sogar die Hoffnung, dazu zu gelangen, Portraits zu machen und würde dem Mittel damit wohl nicht zuviel zumuten.«[64] Daguerre erläutert nicht näher, worin für ihn diese Hoffnung besteht, seine Äußerung würde aber kaum überinterpretiert, wenn man in ihr den Wunsch liest, ein breites Publikum mit seiner Erfindung ansprechen zu können. Portraits waren vor der Erfindung der Fotografie lediglich vom Maler in einer aufwendigen und somit kostspieligen Prozedur zu erstellen, durch die der Besitz des eigenen Bildnisses breiten Bevölkerungsschichten vorenthalten blieb. Daguerre sah offensichtlich, daß er, wenn es ihm gelingen sollte, mit seiner Erfindung dieses Privileg des Portraitbesitzes und der Portraitherstellung aufzuheben, auf einen immens großen Markt für seine Erfindung stoßen würde. Seine Suche nach einem neuen Medium entsprang nicht zuletzt der Einsicht, daß ein Markt für dieses Medium existierte.

Bilder als Statussymbole

Bildbesitz und Bildrezeption waren noch Anfang des 19. Jahrhunderts ein Privileg. Dies änderte sich auch nicht grundlegend mit der Einführung der Miniaturmalerei, die Bildnisse billiger und schneller fertigen konnte. Sie öffnete zunächst lediglich den Kreis der Bildbesitzer von den feudalen zu den großbürgerlichen Schichten, zu denen auch Kaufleute, Manufakturbesitzer und hohe Beamte gezählt wurden. So, wie sich die politische und vor allem wirtschaftliche Macht vom feudalen Dirigismus zur bürgerlich-demokratischen Mehrheit verschob, so mußte das Privileg des Bildbesitzes auf diese Mehrheit mittels einer neuen Technik verteilt werden. Die Gesellschaft und ihr Markt, der sich zunehmend Güterproduktion und -konsum öffnete, hatten sich mit der Industrialisierung und dem Abbau der feudalen Macht grundlegend verändert. »In den vorindustriellen Staatsgesellschaften ist die Ungleichheit in der Verteilung der Machtgewichte verglichen mit der in den entwickelteren industriellen Nationalstaaten sehr groß. Die höfische Gesellschaft ist ein Beispiel für eine vorindustrielle Monopolelite ... Im Zuge der zunehmenden Modernisierung und Kommerzialisierung, der fortschreitenden Urbanisierung und Zentralisierung verschoben sich die Gewichte der gegenseitigen Abhängigkeiten und Angewiesenheiten zwischen den traditionellen Monopoleliten und den Massen der nicht elitären Staatsbevölkerung langsam zugunsten der letzteren.«[65]

17 Bilderbesitz als Statussymbol. Johann Michael Bretschneider: Die Gemäldesammlung im Spanischen Bau der Prager Burg. 1702. Germanisches Nationalmuseum, Nürnberg

Diese Verschiebung der wirtschaftlichen und politischen Macht stoppte nicht vor dem Privileg, diese Macht auch im Kulturbereich zu demonstrieren. Mit dem Erstarken der bürgerlichen Gesellschaft wurde nicht nur die Gebrauchsgüterproduktion wirtschaftlichen Maximen unterworfen, sondern auch die Produktion und der Vertrieb von Kulturwaren. »An die Stelle der natürlichen Gebilde, in deren Innern sich die Produktion als ein Teilprozeß des Stoffwechsels abspielte, trat ein Abstraktum: das Geschäft. Der Wirtschaftsprozeß verselbständigte sich. Die einzelnen Wirtschaftsakte wurden nicht mehr auf eine bestimmte Person bezogen, sondern zielten auf ein vom rein wirtschaftlichen Geiste erfülltes Abstraktum . . .«[66] Dies bedeutete z. B. für den Bereich der Bildherstellung, daß die Deckung der angewachsenen Nachfrage unter marktwirtschaftlichen Gesichtspunkten angegangen wurde. Sie verließ das Stadium der individuellen oder manufakturisierten Produktion für Individuen und verlagerte sich zur abstrakten Versorgung eines Marktes, der sein Bedürfnis nach Bildern immer deutlicher artikulierte.

Diese Bedürfnisbefriedigung konnte mit Hilfe herkömmlicher, handwerklicher Mittel allein nicht geleistet werden. »Doch in jener Übergangszeit, als dem Zerfall der feudalen Welt – bedingt durch die Entwicklung moderner Produktionsformen – die politische Umwälzung erst folgte, fanden auch die aufstrebenden Schichten des Bürgertums noch keine ihrer Eigenart entsprechende künstlerische Ausdrucksform. Sie versuchten eine Annäherung an jene Schicht, deren politische und wirtschaftliche Rolle immer geringer wurde, die aber weiterhin den Ton der guten Gesellschaft angab ... Die Aufgabe des bürgerlichen Portraitmalers bestand einerseits darin, sich in seinen Portraits der herrschenden Malweise des Hofmalers anzuschließen und andererseits die Portraits zu einem Preise zu liefern, der den ökonomischen Verhältnissen seiner Kunden angemessen war.«[67]

Damit gerät die Bildnismalerei bzw. die gesamte Bildherstellung erstmals unter den Zwang, sich Marktgesetzmäßigkeiten anpassen zu müssen. Möglichst viele Bürger wollten sich mit dem Privileg des Bildbesitzes ausstatten, gleichzeitig mußte dieses Privileg aber seinen elitären Charakter ablegen, indem es billig und somit breiten Schichten zugänglich wurde – also kein Privileg mehr sein konnte. Der enorme kommerzielle Erfolg, den die Fotografie schon kurz nach ihrem Bekanntwerden hatte, brachte nicht nur das schnelle Ende der Miniaturmalerei, er beweist auch, daß sowohl ästhetisch wie technisch das neue Medium ein längst bestehendes Bedürfnis breiter Schichten befriedigen konnte. Auch inhaltlich kam die technische Bildherstellung, die schon bald nicht mehr an die Ateliers der Fotografen gebunden war, den Absichten ihrer Interessenten entgegen. »Bereits seit dem mittleren 18. Jahrhundert läßt sich ein stufenweiser Abbau der repräsentativen Züge des Bildnisses feststellen. Statt dessen entwickeln sich neue Bildnismotive, mit denen der Dargestellte als Privatperson geschildert wird ...«[68] Angesichts dieser Schilderungen wird deutlich, worin Daguerre die »Hoffnungen« gesehen haben muß, die er an seine Erfindung knüpfte. Sobald die Fotografie technisch eine Perfektion erreicht hätte, die sowohl ästhetische als auch gesellschaftliche Ansprüche erfüllen könnte, müßte es möglich werden, ein altes Privileg zu demokratisieren und dem neuen Medium damit einen schier unerschöpflichen Markt zu eröffnen.

Wirklichkeitserfahrung und Realitätsflucht

Das Bedürfnis nach einem neuen Medium hatte sich bereits vor der Erfindung der Fotografie artikuliert. In den Panoramen und Dioramen fand das Kleinbürgertum des frühen 19. Jahrhunderts den geeigneten Ort, um sich mittels perfekter Illusion die Welt anzueignen.[69] Im Diorama beobachtete der Zuschauer von seinem Platz aus die Vorführung auf der Bühne. Er verfolgte den Versuch, mit Hilfe von Beleuchtungseffekten fremde Wirklichkeit bis in den zeitlichen Ablauf hinein zu imitieren. Ziel dieser Vorführung war es, den Unterschied zwischen Realität und Fiktion aufzuheben.

Das Bürgertum des 19. Jahrhunderts, speziell das der frühen Industrialisierung, war zwar durch die Industrie zur neuen wirtschaftlichen Macht herangewachsen, doch entstand gleichzeitig ein Gefühl der Entfremdung: Die Welt (die nicht mehr nach tradierten moralischen oder ethischen Werten ausgerichtet war, sondern allein nach wirtschaftlichem Profitstreben) verlangte vom Bürger ständige Anpassung. Der Bürger fand sich in einer Welt, die er nicht mehr zu kontrollieren glaubte. Mit der Industrialisierung hatte seine Welt eine Eigendynamik entwickelt, deren Tempo ihn zunehmend bestimmte. Der wirtschaftliche Aufschwung der Gründer hatte nicht nur eine Veränderung der Städte, des Lebens und der allgemeinen Werte zur Folge, Kapital und Kapitalakkumulation wurden zum Motor des öffentlichen Lebens. Es gab keine Fixpunkte mehr zur Orientierung, weder in den sich ständig verändernden Lebensumständen noch im gesellschaftlichen Status, den jeder innerhalb dieses in Bewegung geratenen Expansionsbooms einnahm. »Der Begriff Bürgertum, der zu Beginn des 19. Jahrhunderts noch das ganze Spektrum nichtlandwirtschaftlicher Bevölkerungsgruppen zwischen der adeligen Oberschicht und den handarbeitenden oder stellungslosen Unterschichten umfaßte, also die größeren Kapitalisten, Unternehmer und Kaufleute ebenso wie die Handwerker, Detaillisten und Beamten aller Art, bezeichnete in der zweiten Jahrhunderthälfte immer häufiger nur noch die bürgerliche Mittel- und mittlere Oberschicht; sie war dadurch weniger nach oben, zum Großbürgertum und Adel hin, als vielmehr nach unten zu, zur Arbeiterschaft und zum Proletariat, abgegrenzt.«[70]

Die dynamische Gesellschaft bot innerhalb der einzelnen Bevölkerungsschichten nur eine relative soziale Sicherheit. Diese nahm um so stärker ab, je weiter man sich den Unterschichten näherte. »Innerhalb des Mittelstandes spielten im zunehmenden Maße die Angestellten eine große Rolle ... Die Angestellten waren eine osmotische Schicht: durchlässig für den Aufstieg ins Bürgertum, aber auch für den Abstieg ins Proletariat.«[71] Die Profitausrichtung menschlicher Arbeit, die Abhängigkeit des sozialen Status von der geistigen oder körperlichen Leistungsfähigkeit machte vor weiteren Bereichen menschlichen Lebens nicht halt, aus den Städten wurden mit der Zuwanderung von Industrie und Arbeiterschaft Großstädte, in denen bürgerliche Pracht und proletarisches Elend aufeinanderstießen. Nicht erst mit dem Biedermeier artikulierte sich ein Unwohlsein, der Wunsch nach einem Rückzug aus der fremdgewordenen Realität, der sich in der häuslichen Inszenierung von Gediegenheit und Frieden niederschlägt.

Die Dioramen und Panoramen des frühen 19. Jahrhunderts entsprachen den Bedürfnissen der Zeit in zweifacher Hinsicht. Der Realitätsflucht gaben sie durch die Illusionskunst nach, gleichzeitig fingen sie aber auch ein latent vorhandenes und ständig größer werdendes Bedürfnis nach Wirklichkeitserfahrung auf, indem sie sich bemühten, die Grenzen zwischen Illusion und Realität zu verwischen. Ihr gesteigerter Realismus ließ es den Rezipienten zu Beginn nicht schwerfallen, die Beziehungen zwischen bloß gemalter Wirklichkeit und beabsichtigter Wirklichkeitserfahrung sowie zwischen Illusion und Realitätsflucht zu vergessen.

Die schnelle Abnutzung, die das Interesse an Dioramen beim Benutzer erfahren hat, verdeutlicht aber, als wie unzulänglich diese Art der Wirklichkeitserfahrung schon bald empfunden worden sein muß. Der Besucherzustrom war nur dann gesichert, wenn die Panorama- und Dioramagemälde den Reiz des Neuen besaßen. Die Imitation der Wirklichkeit blieb zu provisorisch, um tatsächlich dem Bedürfnis nach ihrer Aneignung entsprechen zu können. Entscheidender Nachteil muß die Trennung zwischen illusionärer Vorführung auf der Bühne und Rezipienten im Zuschauerraum gewesen sein. Dem Zuschauer wurde die Wirklichkeit zwar vorgeführt, er konnte aber nicht in diese eingreifen und sie so auch bestimmen. Die passive Rezeption entsprach nicht mehr dem tatsächlichen Status des Bürgers in der Gesellschaft. Es hielt ihn nicht länger auf seinem Besucherstuhl, er wollte nicht mehr lediglich zu Besuch in dieser inszenierten Wirklichkeit sein, wo er die Realität doch schon lange durch sein Geschick bestimmte. Erst die Fotografie räumt ihm diese Rolle ein, sie macht den Bürger zum Hauptakteur und behebt damit die Diskrepanz zwischen gesellschaftlicher und medial vermittelter Rolle.

Das schwindende Interesse an den Dioramen und Panoramen versuchten deren Betreiber durch eine Steigerung der Quantität aufzufangen. Die gezeigten Bilder mußten immer schneller wechseln, um über ihre Unzulänglichkeit hinwegzutäuschen. Dioramen waren zu unrealistisch und zu unpraktisch, um als Mittel der Wirklichkeitsaneignung akzeptabel zu sein. Hinzu kam, daß sich Panorama und Diorama auf Landschaftsmotive konzentrieren mußten, der Mensch aus technischen Gründen aber kaum Beachtung finden konnte. Die Diorama- und Panoramabetreiber verlegten sich im Laufe der Zeit mehr und mehr auf die Darstellung von Katastrophen. Das hat nicht nur etwas mit der großen Aufmerksamkeit zu tun, das diesem Genre entgegengebracht wurde. Katastrophenschilderungen im Diorama ließen den Betrachter zufrieden, weil in Sicherheit, in seiner Passivität verharren. Hierin lag der einzige und letzte Vorteil der passiven Rezeption: Man sah Katastrophen mit der Neugierde des Schaulustigen, ohne ihren Folgen ausgesetzt zu sein. Doch die Rezipienten jener Zeit suchten nach einem zeitgemäßeren Medium, nach einem, das dem weltoffenen und -bestimmenden Status seiner Benutzer angemessen war. Dazu mußte man nicht nur die unzulängliche illusionistische Kunst, sondern vor allem die Trennung von Vorführung und Rezeption aufheben. Mit dem neuen Medium sollte der Betrachter in die Realität, nicht mehr in eine Illusion eingeführt werden, eine Realität, die man ihm nicht vorführte, die vielmehr er selbst bestimmte.

»Kunst«- und Kommerzfotografie

Welche Rolle kommt den Fotografen in diesem Wechselspiel von gesellschaftlichen Wünschen und technischen Möglichkeiten zu? Wie haben sie sich als neue Bildproduzenten diesen Bedürfnissen angepaßt, und wie haben sie es verstanden, diese Bedürfnisse zu erzeugen? Das folgende Kapitel stellt diese Wechselbeziehung in den Mittelpunkt. Hier wird Fotografie nicht als Kunstmedium untersucht, sondern als Ware, die sich zielstrebig ihren Markt erschließt. Ohne die künstlerischen Leistungen der frühen Fotografie zu schmälern, soll im Folgenden gezeigt werden, daß auch sie im Kontext der Kommerzialisierung gesehen werden müssen, und daß auch sie zur Etablierung der Ware Fotografie dienten. Drei Beispiele aus dem 19. Jahrhundert, die Fotografen Nadar und Disdéri sowie die Verbreitung der Amateurfotografie, werden dazu herangezogen.

»Gleichzeitig liefen also . . . zwei verschiedene Entwicklungslinien des fotografischen Portraits nebeneinander her, die, vom ästhetischen Gesichtspunkt aus betrachtet, einerseits eine aufsteigende Linie und andererseits einen Verfall repräsentieren.«[72] Gisèle Freund unterteilt die frühe Fotografie in zwei Lager, die sie mit »Kunstfotografie« und »Berufsfotografie« umschreibt. War die eine Strömung ihrer Meinung nach allein dem schöpferischen Willen einzelner Individuen unterworfen, unterlag die andere ausschließlich profitorientierter Arbeit, die keinen Raum für Kreativität ließ. Ist nach Gisèle Freund für das erste Lager der Name Nadar repräsentativ, steht der Fotograf Disdéri für die kommerzielle Ausnutzung des Mediums und für dessen ästhetischen Untergang.

Mit dieser Einteilung hat Gisèle Freund bis heute maßgeblich die Fotogeschichtsschreibung bestimmt, wobei die Definition dessen, was unter »Kunstfotografie« zu verstehen ist, bislang nicht hinterfragt worden ist. Eine derart kritische Rezeption ließe sich wohl kaum in das stark idealisierte Bild Gisèle Freunds von einer hypothetisch angenommenen Kunstfotografie und ihren Vertretern integrieren. Wie begründet Gisèle Freund ihre Annahme, daß es sich bei Nadars Aufnahmen um künstlerische Leistungen handelt? »Die fotografischen Bildnisse von Nadar sind charakteristisch für die erste Stilepoche der Fotografie. Seine Portraits und die einer Anzahl anderer Fotografen seiner Zeit, die unter ähnlichen Umständen arbeiteten wie er, Carjat, Robinson, Le Gray u.a. können als Kunst bezeichnet werden, weil sie, wie jede authentische Kunst, ohne jegliches Geschäftsinteresse gemacht wurden.«[73] Es ist sicherlich unbestritten, daß Nadar in ästhetisch anspruchsvoller Art und Weise Bildnisse seiner Zeitgenossen angefertigt hat, als künstlerisches Kriterium aber ihre fehlende kommerzielle Verwertbarkeit anzulegen, erweist sich im Fall Nadars als nicht angebracht. Mit der Person Nadars ist der Nachweis jedenfalls nicht zu führen, daß sich zu Anfang der Fotogeschichte eine kommerziell autonome Kunstfotografie etabliert hat.

Nadar ist vielmehr ein Beispiel für den geschickten Umgang mit einem jungen Medium, das es gesellschaftlich und vor allem wirtschaftlich zu etablieren galt. Über das bereits latent existierende Bedürfnis nach Bildern hinaus gelang es ihm, eine breite Bevölkerungsschicht auf die Fotografie aufmerksam zu machen. Dem Wunsch nach Bildern aus dem Kreis der Rezipienten stand die bewußte Erzeugung derartiger Wünsche durch den Produzenten Nadar entgegen, was er nach heutigen Gesichtspunkten mit marketingorientierten Maßnahmen auch gezielt ansteuerte. Nadar steht mit seinem Namen und mit seiner Arbeit für die Einführung und Etablierung einer neuen Ware auf einem noch nicht zu überschauenden Markt. Das latent existierende Bedürfnis nach Bildern war nur eine Seite dieses Marktes, die Bewußtmachung und das Schaffen neuer Bedürfnisse nach Bildern eine zweite. Beides machte die Fotografie zum Massenmedium und ihre Betreiber zu erfolgreichen Geschäftsleuten.

Kunst mit anderen Mitteln: Nadar als Marketingspezialist

Ein kurzer Blick in die Biographie des Fotopioniers läßt erste Rückschlüsse auf seine fotografischen Ambitionen zu. 1820 wurde Nadar als Gaspard-Félix Tournachon in bürgerlichem Elternhaus geboren. Nach dem frühen Tod seines Vaters begann er zunächst mit einem Medizinstudium, eine Karriere, die er nur halbherzig vorantrieb und die schon bald in ein Bohemedasein mündete. Er versuchte sich als Verleger, indem er mit dem Geld eines Freundes eine Zeitschrift gründete, die nach neun Ausgaben allerdings den Konkurs anmelden mußte. Schließlich arbeitete er als Journalist und wurde Sekretär einer linksradikalen Zeitung. Nach deren Verbot besann er sich auf seine künstlerischen Fähigkeiten und verdiente als Karikaturist und Illustrator seinen Lebensunterhalt. Es folgten Ausflüge in die Politik, in denen er sich antifeudal und radikal fortschrittlich gab. Gisèle Freund impliziert in ihren Beschreibungen Nadars, daß seine politische Fortschrittlichkeit, seine Ablehnung des Bürgertums, sein Leben am Rand der Gesellschaft den Humus für sein künstlerisches Schaffen bildeten, nicht zuletzt, nachdem sich der Status des Künstlers zu jener Zeit einschneidend verändert hatte: »Gleichzeitig aber ist der Künstlerstand aufgrund der durch die bürgerliche Revolution bewirkten Demokratisierung der Bildungsmöglichkeiten nicht mehr allein das Privileg der kleinen gebildeten Schicht des Adels und der Bourgeoisie, sondern steht allen Ständen der Bevölkerung offen. Damit vollzog sich innerhalb der sozialen Struktur der französischen Intelligenz eine entscheidende Umwälzung.«[74]

Gisèle Freund konstatiert eine neue Kunst, die auf neuen sozialen Verhältnissen und Interessen basierte, das »intellektuelle Proletariat« wurde

18 Nadar etabliert die neue Ware Fotografie. Nadar: Jean-François Millet. 1858

zum Motor des künstlerischen Schaffens. Die Umwälzung, von der Gisèle Freund redet, ergriff auch Nadar, doch lag sie nicht in der direkten politischen Agitation, wie sie dies Nadar unterstellt: »Mit Feder und Farbe zieht Nadar gegen die Bourgeois zu Felde.«[75] Seine Fortschrittlichkeit bestand vielmehr darin, daß er als Händler seiner eigenen Kunstprodukte auch beim Kleinbürgertum und beim intellektuellen Proletariat nach einer Marktlücke suchte. Als Vertreter des intellektuellen Proletariats, das aus bescheidenen kleinbürgerlichen Kreisen stammte, versuchte er diesem erstmals Geltung zu verschaffen, jedoch weniger durch politische, als vielmehr durch wirtschaftliche Emanzipation. So lag in der Ambition, Neues zu erproben und wirtschaftliches Neuland zu beackern, Nadars eigentlich fortschrittlicher Zug: Was ihm bei der Fotografie tatsächlich gelang, blieb ihm zum Beispiel beim Ballonflug versagt, dem er sich verschrieben hatte und in dessen kommerzielle Nutzbarmachung er vergeblich immense Geldsummen investierte. Er gehörte zur Boheme, wie Gisèle Freund bemerkt, doch dies impliziert nicht nur den Status des intellektuellen Proletariers, sondern auch den des politisch unambitionierten Lebenskünstlers.

1854 glaubte Nadar als Zeichner endlich seine Chance und seinen Markt gefunden zu haben. Er wolle ein Karikaturkompendium von rund tausend lebenden Künstlern herstellen und verlegen. Nadar vermutete, daß ein großes Interesse an witzigen Karikaturen von Personen existierte, die im öffentlichen Leben standen. »Nadar Panthéon« sollte die Edition heißen, für die er eine Subskription ausschrieb. Die Idee machte ihn zwar schlagartig berühmt, finanziell war das Unternehmen allerdings ein Mißerfolg. In sechs Monaten verkaufte er nur rund 540 Lithographien. Der inzwischen Vierzigjährige hatte sich wieder einmal nicht durchsetzen können. Zuletzt lag es daran, daß er sich in der Kaufkraft und dem Kaufinteresse seiner Kunden verschätzt hatte.

An dieser Stelle seines Lebens scheint es nur konsequent zu sein, daß sich Nadar der Fotografie zuwandte, die sich ihre Praktikanten aus dem Heer der erfolglosen Künstler, der arbeitslos gewordenen Zeichner, der gewinnsuchenden Straßenhändler sammelte. »Die Fotografie war kein wissenschaftliches Experiment mehr. Die nötigen Utensilien wurden von eigenen Industriezweigen hergestellt. Rezepte für Entwickler und Fixiersalze verlangten keine besonderen chemischen Kenntnisse. Apparate in den verschiedensten Formaten waren bei einer ganzen Anzahl von Optikern erhältlich . . . Die Einrichtung eines fotografischen Ateliers war mit einigen 100 frs. zu bestreiten.«[76] Nadar selbst schreibt: »Das Anfangskapital, das man benötigte, um am Spiel teilzunehmen, war geringfügig. Die Einnahmen waren um so fetter, als der Preis für die gelieferte Ware im Ermessen des Fotografen lag und einzig von seiner Bescheidenheit begrenzt wurde.«[77] Doch Nadar war nicht maßlos, er operierte äußerst geschickt. Hatte er seinen bisherigen Werdegang dem Zufall und seinen recht sprunghaften Ideen und Neigungen überlassen, was ihn immerhin schon zu einem bekannten Mann in Paris gemacht hatte, visierte er nun mit Hilfe der Fotografie auch den wirtschaftlichen Erfolg an.

Einen wichtigen Schritt in diese Richtung hatte er bereits getan, indem er seinen unaussprechlichen und schwer einzuprägenden Namen gegen das Kürzel »Nadar« eingetauscht hatte. Es sollte zu seinem Firmennamen werden, zum Synonym für seine Produkte. 1857 kam es zu einem Prozeß mit seinem Bruder, der in den Anfangsjahren noch zusammen mit ihm in einem Atelier gearbeitet hatte, dem Nadar aber nach einem

Streit und der darauf erfolgten Trennung die Kennzeichnung der Fotos mit dem Namenszug »Nadar« untersagte. Dies war wohl der erste Prozeß in der Geschichte der Massenmedien, in dem man um den Namensschutz stritt. Und auch die folgenden Schilderungen werden zeigen, daß Nadar keineswegs der künstlerisch autonom arbeitende Fotograf war, als den ihn Gisèle Freund zu stilisieren versucht, daß die ganze Epoche der »Kunstfotografie« nur eine notwendige Vorstufe zur Einbeziehung breiterer Bevölkerungsschichten als Käufer für die Fotografie war.

Nadar pflegte seinen Namen und seine Kontakte zu den Kreisen der Künstler und Boheme. Beide sollten ihm wichtige Starthilfen für sein Unternehmen liefern. Als Person war er bekannt, unbekannt und ohne Renommee waren dagegen die Produkte, die er herstellen wollte: »Nadar besaß Sinn für das, was wir heute mit einem noch neueren Wort wie ›Publicity‹ bezeichnen. Als Nadar 1863 seinen Ballon ›Géant‹, den ›Giganten‹, steigen ließ, druckte er eine Propagandaschrift in der Auflagenhöhe von 100000.«[78] Angesichts der Tatsache, daß Paris damals etwa 650000 Einwohner hatte, muß der Fotograf und Ballonfahrer Nadar eine nahezu optimale Verbreitung für seine Werbung gefunden haben. Zu Beginn seiner Studioarbeit hatte er bereits auf einen werbewirksamen Trick zurückgegriffen, um seiner Arbeit besondere Aufmerksamkeit zu verschaffen. Er gründete eine »Gesellschaft für künstlerische Photographie«, die in ihren Reihen eine ganze Anzahl wohlklingender Namen bekannter Zeitgenossen führte, der tatsächlich aber lediglich Nadar selbst angehörte. In dieser Zeit entstanden viele seiner Portraits, für die er noch heute berühmt ist. Sie zeigen Künstler, Wissenschaftler, Freunde des Fotografen.

Die kühle Sachlichkeit seiner Aufnahmen, die sich dem modischen Pomp der damaligen Zeit bewußt entziehen und die jede Person als Individuum in den Vordergrund stellen wollte, veranlaßte Gisèle Freund zu einer idealisierenden Erklärung: »... entscheidend war, daß er fast zu allen seinen Modellen freundschaftliche Beziehungen hatte. Sie alle waren ja seine Freunde, mit deren Schicksal und künstlerischen Leistungen ihn ein ganz besonderes Interesse verband. Die Beziehungen, die zwischen Aufgenommenen und Fotografen bestehen, waren noch nicht gestört durch kommerzielle Beweggründe. Die Fotografie war noch keine Ware, deren Wert sich in 100 Francs vergegenständlichte ...«[79]

Richtig an dieser Schilderung ist lediglich der letzte Satz. Die Fotografie selbst war in ihren Anfängen noch wertlos – wertlos für den Fotografen, da sie für eine breite Bevölkerungsschicht noch nicht erreichbar war. Dies lag zum einen daran, daß sie möglichen Kunden noch fremd erschien, wie von einer geheimnisvollen Kraft durchzogen, gleichzeitig war sie aber relativ teuer. Beides widersetzte sich einer massenhaften Verbreitung. Richtig ist, daß Nadar mit diesen Bildern nichts verdiente, falsch ist aber, daß sie aus nur künstlerischer Absicht entstanden wären. Sie sind ein wichtiger Schritt auf dem Weg, die Fotografie als Ware zu etablieren. So wie Nadar seine »Gesellschaft für künstlerische Photographie« mit bekannten Namen auffüllte, so konzentrierte er sich in seinen frühen Arbeiten ausschließlich auf die führenden Köpfe der Gesellschaft. Nur sie garantierten ihm nämlich eine optimale Publizität. Indem sich die geistigen Größen der Zeit dem umstrittenen Medium aussetzten, wurde dieses für breite Käuferschichten salonfähig. Nadar wußte um die Aufmerksamkeit, die die Öffentlichkeit gerade diesem Personenkreis entgegenbrachte. Bereits mit seinem geplanten »Panthéon« hatte er auf dieses Interesse spekuliert. Die fotografischen Portraits berühmter Zeitgenossen fertigte er nicht an, um mit ihnen zu handeln. Sie dienten Nadar ausschließlich dazu, das Medium bzw. seine Produkte als Waren mit einem möglichst hohen Gebrauchswert einzuführen. Dies war um so schwerer, als Fotografien bestenfalls einen ideellen Wert verkörperten, dessen Tauschwert über eben solche ideelle Kriterien festgelegt werden mußte. »Ein Gebrauchswert oder Gut hat also nur einen Wert, weil abstrakt menschliche Arbeit in ihm vergegenständlicht oder materialisiert ist. Wie nun die Größe seines Wertes messen? Durch das Quantum der in ihm enthaltenen ›wertbildenden Substanz‹, der Arbeit. Die Quantität der Arbeit mißt sich an ihrer Zeitdauer, und die Arbeitszeit besitzt wieder ihren Maßstab an bestimmten Zeitteilen, wie Stunde, Tag usw.«[80]

All diese Festlegungen können vielleicht noch für die Wertbestimmung eines Gemäldes maßgeblich sein, für den Herstellungsprozeß einer Fotografie, die sich quasi selbsttätig entwickelt, bleibt nur eine fiktive Wertbestimmung, die durch das Interesse und den Kaufwillen der Rezipienten bestimmt wird. Dies hat Nadar sehr wohl erkannt, und er hat nichts unversucht gelassen, dieses Interesse möglichst auszubauen, indem er den Kaufwillen nicht über die Ratio, sondern über den irrationalen Weg der Herstellung von »Vor-Bildern« zu erzeugen versuchte. Wertvoll war zunächst nicht die einzelne Fotografie, sondern der Umstand, daß sich die Intelligenz ihrer annahm, ein Konzept, nach dem noch heute in der Werbung verfahren wird, indem allgemein akzeptierte Persönlichkeiten in Verbindung zu einer Ware gebracht werden. Hierin liegt die wesentliche Leistung Nadars, daß er als einer der ersten ein marktwirtschaftliches Konzept entworfen hat, um eine neue Ware an eine zuvor avisierte Käuferschicht heranzutragen.

Wenn dies die Bedeutung seiner Person ausmacht, so wäre die Ästhetik seiner Bilder ebenfalls unter diesem Aspekt und nicht allein unter einem »künstlerischen« Gesichtspunkt zu betrachten. Was seinen Bildern immer wieder zu Recht zugesprochen wird, ist die einfühlsame Sachlichkeit ihres Aufbaus. Personen werden als Individuen vorgeführt, was vorrangig über die detailgenaue Beschreibung der Physiognomie geschieht. Wenig später nehmen die Requisiten in den Ateliers immer weiter überhand; die Person definiert sich nicht als Individuum, sondern als anonymer Repräsentant einer sozialen Schicht, der er über das Arrangement der Requisiten zugeordnet wird. Ob Nadar dieses Requisitenarrangement verpönte, sei dahingestellt, jedenfalls benötigte er es nicht. Die führenden Köpfe aus Wissenschaft, Kunst und Politik waren so bekannt, daß sie solcher Attribute nicht bedurften. Maßgeblich an ihren Bildnissen ist nicht die Art der Aufnahme, sondern die Tatsache der Aufnahme. Das drapierte Arrangement der Kulisse hätte nur von diesem Umstand abgelenkt. Deshalb erscheinen diese Bilder heute auch als geglückte mediengerechte Versuche, die Kamera einzusetzen. Diese Bilder negieren nicht den Vorgang des Fotografierens, sie unterstreichen ihn. Der Akt des Modellsitzens, der der Aufnahme, wird zum eigentlichen Thema des Bildes. Die Wechselbeziehung zwischen Fotograf und Modell bestimmt den Charakter der Bilder, was ihnen noch heute große Authentizität sichert. Nadars primäres Ziel war der Wiedererkennungswert, weshalb ihm eine möglichst naturalistische Darstellung angemessen erschien.

»Die ästhetische Qualität dieser Bilder liegt darin, daß die Physiognomie das Bild beherrscht und die Bewegungen des Körpers nur dazu dienen, ihren Ausdruck zu unterstreichen ... Nadar ist der erste Fotograf, der das Gesicht des Menschen neu entdeckt. Die Kamera ist ganz dicht herangerückt an die Intimität der Gesichtslandschaft ...«[81] Nadar selbst war offensichtlich nicht so anspruchsvoll, gab sich schneller mit den Möglichkeiten der Fotografie zufrieden, als Gisèle Freund dies wahrhaben möchte. In seiner Autobiographie schreibt er: »Diese erste photographische Ausstellung fand 1855 im Palais de l'Industrie statt und wurde ein gewaltiger Erfolg. Die luxuriöse Aufmachung, die bei Ausstellungen heute so zur Gewohnheit geworden ist, spielte bei diesem Erfolg keine Rolle. Er war vor allem durch die Neuheit der erstaunlichen Erfindung bedingt. Das Publikum drängte sich vor den zahlreichen Portraitaufnahmen bekannter Persönlichkeiten, die es noch nicht kannte, vor berühmten Theaterschönheiten, die es bisher nur von weitem bewundert hatte und nun in Bildern, wie lebend vor sich sah.«[82] Die Fotografie als Lebenskonserve, zu der der Zugriff durch das Medium unmittelbar möglich wird. Je authentischer das Foto ist, um so leichter erscheint der Zugriff zu ihm. Es ging Nadar sehr wohl um die Physiognomie, wie Gisèle Freund feststellt, doch nicht, um in ihr über die »äußere Schönheit« hinaus den »charakteristischen Ausdruck« zu finden.[83] Die Aufnahme Alexandre Dumas' sagt nichts über den Charakter seiner Person, auch nichts über den seiner Arbeit. Bakunins Bart macht ihn nicht zum Revolutionär, sein Foto gibt weder den Blick auf das Individuum noch den auf den Theoretiker Bakunin frei. Gisèle Freund erliegt hier einem positivistischen Mißverständnis gegenüber der Fotografie, das Nadar selbst wohl kaum so an seine Bilder geknüpft hat.

Während der ersten fotografischen Ausstellung in Paris hatte er richtig erkannt, welchen Stellenwert die Portraits berühmter Zeitgenossen in der Öffentlichkeit einnahmen. Ihn machte er sich zunutze. Nachdem er mit diesen Bildnissen genügend Aufsehen erregt, die Ware Fotografie auch für eine breite Käuferschicht attraktiv gemacht hatte, konnte er mit der eigentlichen Arbeit beginnen, der wirtschaftlichen Ausnutzung des so aufgebauten Marktes, der Ausbeutung des investierten Kapitals. Die »Gesellschaft für künstlerische Photographie« mit ihrem Vorsitzenden und gleichzeitig einzigen Mitglied konnte aufgelöst werden, die Portraitarbeit mit den Größen der Gesellschaft konnte in den Hintergrund treten, um einer finanzkräftigeren und vor allem größeren Kundengruppe Platz zu machen.

Hing noch im 18. Jahrhundert die Herstellung von Kunstwerken in der öffentlichen Meinung mit dem Genius des Künstlers zusammen, waren diese Kunstwerke als Unikate für Repräsentation und Erbauung Einzelner geschaffen, erkannte Nadar, daß sich im Zeitalter der Industrialisierung die Bildnisherstellung nicht mehr an ideellen Werten, sondern allein an wirtschaftlichen Erfolgen messen läßt. Das Kunstwerk ist zum Produkt geworden, der Künstler zum Produzenten, der auf dem »freien Markt« die Ergebnisse seiner Arbeit veräußern muß. Dies geschieht nicht mehr zwischen einzelnen Produzenten und einzelnen Käufern, sondern zwischen Anbietern und Käuferschichten. Der Erfolg einer Arbeit wird nun weniger von ihrem ästhetischen Wert, als von ihrer massenhaften Verbreitung bestimmt. Das Bildnis bedarf dazu all der verkaufsfördernden Maßnahmen wie jeder andere Gebrauchsgegenstand auch, es bedarf der Propaganda und der Distribution, die mit der unendlichen Vervielfältigung der Fotografie gesichert ist. Und schließlich benötigt es den geschützten Namen, der seinen qualitativen und damit finanziellen Wert anzeigt. Wer nach dieser ersten Phase der »künstlerischen« Produktion als Bürger zu Nadar ins Atelier kam, der mußte somit zweifach zahlen: für das Bild und für den Namen des Fotografen.

Fotografie im Wandel der Massenbedürfnisse

Nadar war keineswegs der einzige Fotograf in Paris, der die künstlerische und intellektuelle Elite fotografierte. So beschreibt er den Werdegang seines Kollegen Gustave Le Gray, dem es offensichtlich an dem rechten Gespür für die Möglichkeiten des Marktes gefehlt hatte: »All diese Anfangsschwierigkeiten, sogar die gewaltigen Einrichtungskosten – die den Menschen unerbittlich wie die Erbsünde bis zum bitteren Ende verfolgen –, hätte man vielleicht überwinden können; doch nur mit der ebenso irdisch gemeinen wie göttlichen Gabe, die man gemeinhin Geschäftssinn nennt. Doch gerade an diesem fehlte es Le Gray . . .«[84]

Le Gray, bei dem auch die mittellose oder zahlungsunfähige Prominenz ein- und ausging, verstand es nicht, diesen Kundenstamm in ein marktorientiertes Konzept zu integrieren; dies wurde um so wichtiger, als der Kreis der Berufsfotografen und damit die Konkurrenz schlagartig zunahm. Es setzte eine immer stärkere Wechselbeziehung zwischen Anstieg und Deckung der Nachfrage ein, bei der die qualitative Ausbeute immer weiter zugunsten einer quantitativen zurückgedrängt wurde. Die »Kunstfotografie« als Weg zur Etablierung, zur Nachfrageerzeugung war passé; jetzt definierte sich das Medium über seinen Tauschwert, der wiederum von zwei Komponenten bestimmt wurde: der sinkenden Kaufkraft einer breiten Bevölkerungsschicht bei gleichzeitig ständiger Vergrößerung dieser Käuferschaft.

Nach diesen frühen Versuchen, sein Medium für eine breite Öffentlichkeit attraktiv zu machen, unterscheidet sich Nadars weiterer Werdegang nicht wesentlich von dem seiner zeitgenössischen Kollegen. Die »Kunstfotografie«, wie sie Gisèle Freund festzustellen glaubt, geht bruchlos in die Kommerzfotografie über. War es Nadars Leistung, den Markt für die Fotografie aufzubereiten, so war es Disdéris Verdienst, dieses sich fast explosionsartig vergrößernde Käuferpotential als erster erkannt und mit dem neuen Markt angepaßten Produkten beliefert zu haben. Nadars Konzept hochwertiger und somit teurer Produkte konnte nur zu Beginn der Kommerzialisierung funktionieren, nämlich so lange, wie nur wohlhabende, großbürgerliche oder auch feudale Schichten angesprochen werden sollten. Der Aufwand, den Nadar um sich und seine Bilder betrieb, machte diese zunächst zu einem Qualitätssymbol, das, ob seines hohen Preises, dem Privileg des Gemäldebesitzes adäquat erschien. Nadar hatte seinen Markt, einen privilegierten, richtig eingeschätzt und sich in dessen Kaufbereitschaft nicht verspekuliert. Während er seine Bilder zunächst aber für einen relativ kleinen und finanzkräftigen Kreis konzipierte und produzierte, hatte sich die Käuferschicht für die Fotografie weiterentwickelt und grundlegend verändert.

Ein veränderter Markt verlangt veränderte Verkaufsstrategien: Disdéri und die Popularisierung der Fotografie

Hatte Nadar als erster für die Fotografie an deren groß angelegte Vermarktung gedacht und für ihre Etablierung und Kommerzialisierung ein tragfähiges Konzept entwickelt, so versagte sein wirtschaftlicher Scharfblick in dem Moment, in dem die angestrebte Öffnung des Marktes tatsächlich eintrat - vielleicht, weil Nadar selbst nie mit einem derartigen Durchbruch gerechnet hatte. Die veränderte Marktlage verlangte schnellstens neue Konzepte, die er allerdings nicht zu liefern in der Lage war und die von seinem Kollegen Disdéri erdacht wurden. Nadar selbst umschreibt sie als »der richtige Flair«: »Der außergewöhnliche Erfolg Disdéris war seiner genialen Idee, der Visitenkarte, zu verdanken. Er hatte im richtigen Augenblick den richtigen Flair gehabt. So begründete er eine Mode, die auf einen Schlag alle Welt hinriß. Mehr noch: indem er die bis dahin gültigen wirtschaftlichen Regeln umkehrte und mehr Ware für weniger Geld hergab, machte er die Fotografie für alle Zeiten populär.«[85]

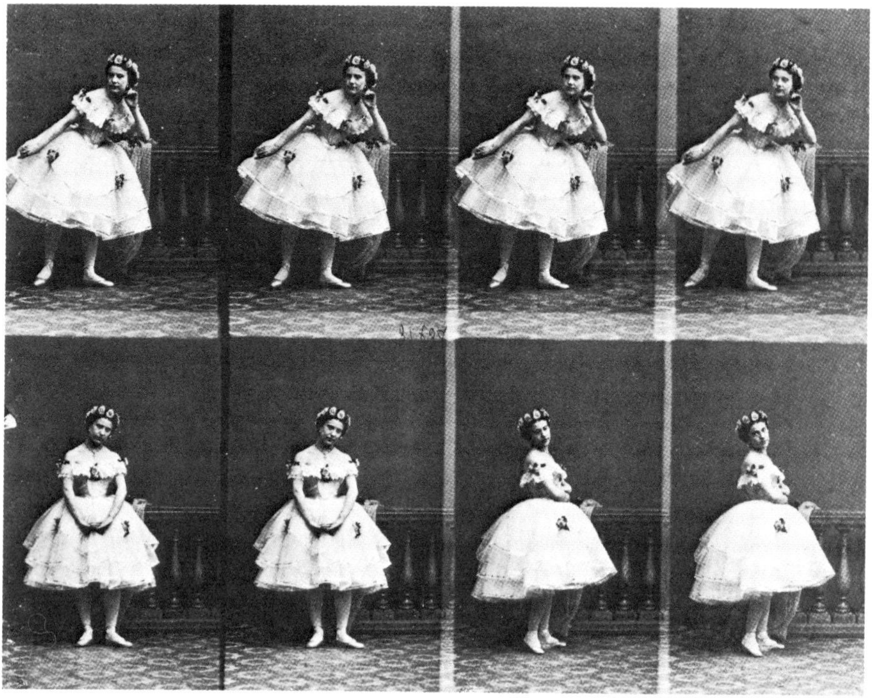

19 Disdéri paßt die Ware Fotografie den Marktbedürfnissen an. Disdéri: Fanny Cerrito. Ca. 1855

In Nadars respektvoller Beschreibung stoßen die beiden unterschiedlichen Marktstrategien jener Zeit aufeinander. Die eine, die durch eine Verknappung des Angebots versuchte, den Preis hochzuhalten, Nadar selbst gehörte zu den Verfechtern dieser Strategie, und die andere, die durch die Senkung des Preises neue Käuferschichten ansprechen und über die Potenzierung der Quantität eine höhere Rendite erwirtschaften wollte. Disdéri gelang offensichtlich noch eine weitere Steigerung dieser Strategie, indem er nicht nur den Preis senkte, sondern gleichzeitig die Käufer in den Glauben versetzte, für einen geringeren Preis mehr Quantität zu erhalten. »Disdéri ... erfaßte, daß man es im fotografischen Gewerbe nur zu etwas bringen konnte, wenn es gelänge, den Auftraggeberkreis zu vergrößern und die Portraitaufträge zu steigern. Dies konnte man aber nur, wenn man sich auf die ökonomischen Verhältnisse der Massenschichten umstellte. Und so kam Disdéri auf einen genialen Einfall. Er verkleinerte das Format. Er erfand die *carte de visite,* deren Maß ungefähr unserem heutigen 6 × 9 cm Format entspricht.«[86]

Die Verkleinerung des Formats bewirkte eine optimale Ausnutzung des Negativmaterials. Wo bislang eine einzelne Fotografie Platz hatte, konnten nun gleich mehrere Aufnahmen gemacht werden. Die Arbeit des Fotografen war der unwesentlichste Kostenfaktor, die optimale Ausnutzung des teuren Grundstoffes bot die einzige Möglichkeit, billiger zu produzieren. So verkleinerte Disdéri das Bildformat, damit die Kosten und somit auch den Preis für die einzelne Fotografie. Für den Preis eines herkömmlichen Fotos konnte der Kunde nun gleich mehrere Bilder erstehen. Quantität und Kosten standen so in einem bedeutend besseren Verhältnis; hinzu kam, daß die Reproduktionstechnik sich inzwischen so verbessert hatte, daß es auch mit geringem Aufwand möglich wurde, mehrere Abzüge eines Negativs billig anzufertigen.

Wie groß der Markt damals gewesen sein muß, lassen die zeitgenössischen Schilderungen nur erahnen. Wolfgang Baier hat in seiner Quellensammlung zur Fotogeschichte eine Reihe von Zitaten aus ganz Europa gesammelt, die die »große Visitenkartenepidemie« belegen.[87] Wirklich große Popularität erhielten diese Fotos aber erst, nachdem auch die Königshäuser von der »Epidemie« ergriffen waren. In London ließ sich die Königsfamilie auf *carte de visite* portraitieren. Innerhalb von drei Monaten wurden 70000 Portraits der königlichen Familie abgesetzt. Eine zeitgenössische Quelle berichtet, daß weitere 200000 hergestellt werden mußten.[88] Die Tendenz der feudalen Herrscher, sich dem Massenmedium auszusetzen, entsprang nicht nur der allseitigen Freude am neuen Bildmedium. Die enorme Verbreitung der billigen Fotos sicherte gleichzeitig eine propagandistische Wirkung: »Aber erst im Jahre 1859 hatte Herr Disdéri ... die Idee, mehrere kleine Negative auf einer Platte zu machen, als der Kaiser und die Kaiserin ihn aufsuchten und er die ihm zugestandene Zeit am vorteilhaftesten ausnutzen wollte. So erhielt er 28 Negative in verschiedenen Stellungen. Zum Verkauf gegeben, hatten diese Bilder einen wundervollen Erfolg. Alle Welt wollte im gleichen Format aufgenommen werden.«[89] Die Herrscher wurden ihren Untertanen durch das Bild ebenbürtig. Die Fotografie als Privileg hatte ausgedient. Gesteigert wurde der Ruhm Disdéris noch, nachdem sich Napoleon III. vor seinem Italienfeldzug bei dem Fotografen portraitieren ließ. Nadar berichtet darüber: »Ein ganz außergewöhnliches, unerwartetes Ereignis (Disdéri nannte es ›exklusiv‹!) trieb diese bereits unerhörte Mode auf ihren Gipfel: Kaiser Napoleon III., der an der Spitze des nach Italien ausziehenden Armeekorps über die Boulevards ritt, machte vor

Disdéris Atelier halt, um sich fotografieren zu lassen, und hinter ihm stand die ganze Armee in Reih und Glied, Gewehr bei Fuß, und wartete, bis die Aufnahme gemacht war. Damit steigerte sich die Begeisterung für Disdéri zum Delirium. Das ganze Universum lernte seinen Namen und Weg zu seinem Haus kennen.«[90] Der Kaiser, der nach dem Geschmack des Kleinbürgertums regierte, bedient sich des Mediums der Kleinbürger. Der Halt bei Disdéri war weniger eine Demonstration für die Fotografie oder ihren Betreiber, als vielmehr für die eigene Politik, die Marx mit dem Hinweis auf Napoleon I. als »Farce« beschreibt, als eine »Karikatur«, die sich ihrer anachronistischen und damit reaktionären Züge ganz offensichtlich nicht bewußt werden konnte.[91] Es waren längst nicht mehr die großbürgerlichen Schichten, die Unternehmer, Kaufleute und hohen Beamten, die das politische und wirtschaftliche Leben bestimmten. Napoleons Abhängigkeit von den kleinbürgerlichen Bevölkerungsschichten, denen er sich hier mittels Fotografie gleichsetzen wollte, macht dies allzu deutlich. Die »Exklusivität« ist eine devote Unterwerfung des Feudalismus unter das emanzipierte Kleinbürgertum.

Daß Disdéri auf derartige politische Umstände stieß, war der Popularität seiner Erfindung nur dienlich. Eine neue Käuferschicht mußte mit neuen Maßnahmen gewonnen werden. Dies war nicht mehr über den Weg der Exklusivität wie bei Nadar möglich, der auf den Privilegcharakter seiner Bilder spekulierte, sondern eben durch die Aufhebung dieser Privilegien, die Betonung der Gleichheit all derjenigen, denen sich das neue Medium eröffnete, die die gesellschaftliche Macht besaßen, sich seiner zu bedienen. »Das, was sich bis dahin nur der Adelige und der reiche Bürger leisten konnten, wurde nun auch für die neuaufsteigenden Schichten des Bürgertums erschwinglich. Das Bedürfnis der sparsamen Bürger, sich den oberen Schichten anzugleichen, hatte zur Beschleunigung der technischen Entwicklung eines Gewerbezweiges geführt.«[92] Gleichzeitig wuchs die wirtschaftliche Macht eben dieser »sparsamen Bürger« ständig weiter an. Wie kraß die Umorientierung feudaler, großbürgerlicher Politik zur nun bonapartistischen Politik gewesen ist, versucht Marx nicht ohne polemische Untertöne in seiner Beschreibung der »Wohltätigkeitsgesellschaft« zu umreißen, die feudale, großbürgerliche Interessen ebenso ignorierte wie proletarische. Die Herrschaft des »Lumpenproletariats«, der Schmarotzer[93], brachte ein orientierungsloses und unkritisches gesellschaftliches Potential an die Macht, in dessen Kielwasser kleinbürgerliche Geschäfte blühen können.

Adolphe Disdéri selbst stammte aus diesem Kreis der Mittellosen, aus dem Kreis derer, die Marx als »Lumpenproletariat« bezeichnet. Als Sohn eines italienischen Tuchmachers wurde er 1819 in Genua geboren. Er wanderte nach Frankreich aus und lebte in Paris ohne gesicherte wirtschaftliche oder berufliche Basis. War die Fotografie in ihren Anfängen noch Männern vorbehalten, die über Grundkenntnisse der Chemie und Physik verfügten, hatte sich die Technik der Bildherstellung inzwischen so verbessert, daß Disdéri als Dilettant zu dem noch jungen Berufsstand stoßen konnte. Im Jahre 1852 oder 1853 eröffnete er in Paris am Boulevard des Italiens Nr. 8 sein Atelier, das bald von Kundenscharen heimgesucht wurde. Über das Ausmaß seines Erfolgs gibt eine kurze Schilderung des Fabrikanten Liesegang Auskunft, der auf einer Frankreichreise den Fotografen Disdéri in seinem Atelier besuchte: »Bei Disdéri ist nun wirklich der Tempel der Fotografie. Ein Lokal, welches an Luxus und Eleganz einzig dasteht. Er soll täglich für 3 bis 4000 Francs Portraits liefern ... Das Vorhaus am Boulevard des Italiens ist mit vielen Bildern in Goldrahmen verziert; man geht eine Treppe hinauf, die mit rotem Samt und Gold garniert und mit Gemälden behangen ist. Oben angelangt, weist einen der reich betreßte Portier in das Anmeldezimmer, wo 3 bis 4 Kommis sitzen, die die Bilder anschreiben und das Geld kassieren. In diesem Zimmer sind Möbel von altem Geschmack ... Im Wartezimmer sind die feinsten Möbel, nur ein Portrait des Kaisers in prachtvollem Goldrahmen an der Wand; Kamin mit venezianischem Spiegel, Alben mit Portraiten von lauter hohen Herrschaften ...«[94]

Ein täglicher Umsatz von einigen tausend Francs verweist auf eine Bildproduktion, die für die damalige Zeit kaum vorzustellen ist. Gisèle Freund beschreibt, daß Disdéri »für den fünften Teil des bis dahin üblichen Preises eine Aufnahme mit einem Dutzend Abzügen«[95] lieferte. Bei einem Tagesumsatz von 4000 Francs und einem Stückpreis von 20 Francs würde dies bedeuten, daß bei ihm täglich 200 Kunden bedient und 2400 Abzüge angefertigt wurden. Berücksichtigt man, daß diese Rechnung spekulativ ist, so verdeutlicht sie doch den enormen kommerziellen Erfolg der Fotografie.

Die veränderte Ästhetik der Fotografie

Die Veränderung der Käuferzielgruppe und die Erhöhung der Produktionsquantitäten hatten Konsequenzen für die Ästhetik der fotografischen Bilder. Waren Nadars Aufnahmen noch Ergebnisse individueller Begegnung zwischen Fotograf und Modell, so sind sie bei Disdéri das Produkt einer genau vorgeschriebenen Prozedur, bei der sich der Fotografierte in das Arrangement der Kulisse, quasi selbst nur als eines ihrer Bestandteile, integrieren muß. »Die massenweise Herstellung von Portraits als Folge seiner Berühmtheit ließ ihm gar keine Zeit, den Charakter eines Modells zu studieren. Es war nicht einmal möglich, typische Merkmale, selbst wenn diese mit der Berufsangabe schon feststanden, durch eine Vielzahl von Gestaltungsmitteln darzustellen. Im Endeffekt übernahmen die Accessoires (berufstypische Embleme) die Rolle der wichtigsten Ausdrucksmittel. Gerade Disdéri leitete jene Entwicklung ein, in deren Verlauf sich das fotografische Atelier in eine Requisitenkammer verwandelte.«[96] Der ästhetische Verfall, den Gisèle Freund (und die meisten Historiker nach ihr) an den Bildern Disdéris beklagen, liegt in dem Verlust des Charakters, den die Bilder Nadars nach ihrer Meinung noch einzufangen vermochten. Fotografien spiegeln aber nicht das innere Wesen, sondern lediglich die äußere Hülle der Wirklichkeit. Sie sind Abziehbilder der Äußerlichkeit. Nadars Bildnisse müßten folglich weniger idealisiert betrachtet werden: Charakter vermittelt sich in seinen Fotografien primär über »Charakterköpfe« - und wer ein Charakterkopf ist, das wird gesellschaftlich konditioniert, unter anderem durch den Grad der Bekanntheit. Die Bedeutung der Bilder lebt auch von der Bedeutung der Personen, deren Erscheinung die Fotografie naturalistisch auf das Papier überträgt. Das Kleinbürgertum verfügte nicht in diesem Umfang über derartige Persönlichkeiten, wie es auch nicht über ein vergleichbares Bewußtsein individueller Geistesstärke verfügte. Die Forderung der Revolution nach »Gleichheit« war für das Kleinbürgertum des 19. Jahrhunderts nicht mehr eine Forderung nach Gleichheit, sondern eine Betonung der gleichen Klassenzugehörigkeit.

Gleichheit wurde hier zur Gemeinsamkeit, in der Individualismus störend wirkte. Insofern hat der »ästhetische Verfall« der Carte-de-visite-Fotografie, von dem Gisèle Freund spricht, zwei wesentliche Ursachen: eine wirtschaftliche und eine gesellschaftspolitische.

Die neuen Nutznießer der Fotografie

Die gesellschaftliche Bedeutung der Fotografie zur Zeit Disdéris wurde nicht zuletzt dadurch bestimmt, daß sich das Kleinbürgertum, und damit erstmals keine kleine, ausgesuchte Gruppe der Bevölkerung, einem bildhaften Massenmedium zuwandte, es besaß und seine Erscheinung bestimmte. Diese Beschlagnahme stand einerseits unter dem Vorzeichen der Privileganeignung, zum anderen aber unter dem der Bedeutungsaneignung, der Betonung der eigenen Wichtigkeit, die mit Hilfe der Fotografie unterstrichen werden sollte. Wenn Fotografie impliziert, Bedeutung zu verleihen,[97] dann haben die Benutzer des Mediums diesen Zug frühzeitig erkannt und ihn für sich ausgenutzt. Erstens wurde kollektiv das jahrhundertealte Privileg des Bildbesitzes durchbrochen, zum anderen wurde, da ja Einzelpersonen zu sehen sind, die individuelle Leistung unterstrichen, indem man sich als Zugehöriger eines sozial anerkannten Standes fotografieren ließ. Die Fotografie bewegt sich also in einer eigentümlichen Ambivalenz zwischen dem massenhaften Bedürfnis nach kultureller Emanzipation und der individuellen Geltungssucht, mit der sich jeder diesem Akt der »Bedeutungsverleihung« aussetzte.

Wie sich die Gesten und Kulissen durch ihr massenhaftes Zitieren abnutzten, so mußte auch die Bedeutung der auswechselbar gewordenen Individuen abnehmen. Es erscheint uns heute wie ein Widerspruch, daß das Kleinbürgertum diesen Mangel nicht wahrhaben wollte oder konnte. Dies mag daran liegen, daß die Carte-de-visite-Portraits zwar massenhaft in den Ateliers produziert wurden, daß die Rezeption aber immer individuell geschah. Die Portraitierten konnten das Gefühl haben, daß die standardisierte Kulisse, die abgegriffene Geste, die aufgesetzte Mimik, die ganz schnelle Produktion ausreichten, um der Bedeutung der eigenen Person gerecht zu werden. Jeder muß sich auf seiner Fotografie für einmalig und unverwechselbar gehalten haben. Die Erklärung, daß die eigene Eitelkeit und das Unvermögen im Umgang mit Bildern eine kritische Rezeption verhinderten, ist zu vordergründig. Tatsächlich war es so, daß die Rezipienten den Charakter des Mediums, seine Affinität zur Oberfläche wohl kaum als Mangel empfanden. Ihnen ging es nicht um Charakter. Da sie selbst von der Fassade lebten, die sie um sich aufbauten, von der Vorführung von Reichtum, protzender Gediegenheit, von gesellschaftlicher Macht, bot ihnen die Fotografie, indem sie eben an dieser Oberfläche verblieb, die adäquate Kulisse. Daher ist die Beobachtung Gisèle Freunds zunächst richtig: »Vor dem Auge des Beschauers ziehen in unabsehbarer Reihe die verschiedensten Stände und Berufe des bürgerlichen Lebens vorüber, hinter deren symbolischer Darstellung die Persönlichkeit des Dargestellten fast völlig verschwunden ist.«[98] Hier wird dies dem Medium von seinen Benutzern jedoch nicht als Mangel angerechnet, wie Gisèle Freund es zu unterstellen versucht. Diese Fotografien mühten sich nicht mehr um etwas, das zu liefern sie nicht in der Lage waren. Sie haben konsequent die Individualität gegen das Genre ausgetauscht.

Das Kleinbürgertum hatte weder das Kapital noch die geistige Tradition, um Charakter zum Thema der Bildnisse zu machen. Sein Positivismus beschränkte sich auf die Oberfläche der Oberfläche, die nicht als Metapher, sondern als Klischee aufgefaßt wurde. Daher ist die Allgemeinverständlichkeit des Requisitenarangements, seine Auswahl und Zuordnung besonders wichtig, es setzt sich aus den unterschiedlichsten Komponenten zusammen, die alle auf die gesellschaftliche Position des Abgebildeten anspielen wollen, ohne allerdings den ästhetischen und inhaltlichen Zusammenhang zu berücksichtigen: Das Buch verweist auf die scheinbar vorhandene Bildung, die Säule auf eine Tradition des großbürgerlichen Wohnens, die man nicht besaß, der Gehrock auf den Flaneur, der anscheinend allen gesellschaftlichen Bedingtheiten entzogen ist, der drapierte Vorhang auf eine Tradition der Bildnismalerei, die man adaptiert, ohne sie selbst vorweisen zu können. Diese Fotos signalisieren einen kollektiven Aufstieg, bei dem jeder mit zur Spitze der Gesellschaft gehört. Benutzte Napoleon die *carte de visite* zur Propaganda, greift das Kleinbürgertum auf sie zurück, um die vermeintliche Gediegenheit und Tradition der eigenen Klasse unter Beweis zu stellen. Die Inszenierung ist in der Oberflächlichkeit ihrer allgemeinverständlichen Bestandteile zu unwirklich, zu stark aus unrealistischen Komponenten addiert, um wirklich als Realitätsbild angenommen zu werden. Ihr einfacher Positivismus erhebt keinen Anspruch auf einen Wirklichkeitsgehalt. Man lieferte sich bewußt der Inszenierung aus, weil diese dem eigenen Ideal am nächsten kam. Die Carte-de-visite-Fotos unterstreichen zwar die Bedeutung der äußeren Wirklichkeit, indem sie sich mit ihrem Schein zufrieden geben, gleichzeitig heben sie sich aber auf eine höhere Ebene, da sie auf einen anderen, ganz neuen Charakterzug der Fotografie verweisen: Diese Bilder sind eigentlich keine Bildnisse im ursprünglichen Sinn, sie sind als Inszenierungen *Wunschbilder,* eine Addition bürgerlicher Wünsche und

Ideale, die in der Wirklichkeit absurd, in der Inszenierung der Fotografie aber glaubwürdig erscheinen. Sie besitzen einen Doppelcharakter: Nach außen geben sie sich als Repräsentationsbilder, indem sie protzend den eigenen Stolz dokumentieren, nach innen zum Dargestellten verhalten sie sich wie Wunschbilder, die es ihm leicht machen, sich in ihnen wohlzufühlen.

»Das war die Zeit, da die Fotografiealben sich zu füllen begannen. An den frostigsten Stellen der Wohnung, auf Konsolen oder Gueridons im Besuchszimmer, fanden sie sich am liebsten: Lederschwarten mit abstoßenden Metallbeschlägen und den fingerdicken goldumrandeten Blättern, auf denen närrisch drapierte oder verschnürte Figuren ... verteilt waren und endlich, um die Schande voll zu machen, wir selbst: als Salontiroler, jodelnd, ... oder als adretter Matrose, Standbein und Spielbein, wie es sich gehört, gegen einen polierten Pfosten gelehnt.«[99] Was Benjamin erregt, ist die glatte Oberfläche, die so deutlich zu durchschauende, plumpe Inszenierung und die Lächerlichkeit als ihre Konsequenz. Doch gerade um die Inszenierung ging es den Fotografen. Disdéri perfektionierte dies noch, indem er genaue Maßregeln aufstellte für die Ästhetik seiner Fotos: »Angenehmes Äußeres, sauberer Gesamteindruck ... natürliche Proportionen und Schönheit!« Die Fotografie orientierte sich nicht länger an der Wirklichkeit, sie bemühte sich, ihre eigene zu inszenieren. Das Foto war als Endergebnis der Beweis dafür, daß man selbst an dieser idealen Wirklichkeit partizipierte.

Die Standardisierung der Bildherstellung konnte aber nur gelingen, weil sie einem Standardgeschmack entsprach, dem Massenbedürfnis nach eben solchen Standardbildern. Gisèle Freunds Klage über den ästhetischen Verlust, den die Fotografie in dieser Zeit erleidet, ist nur die eine Seite, die freilich die gesellschaftlichen Bedingungen und Ansprüche, der die Bildnisproduktion ausgesetzt war, unzulänglich reflektiert. Die Billigkeit der Produktion, mit der sich die Fotografie die Massen als Käufer erschloß, zwang zu enormer Steigerung der Quantität, um den gleichen oder einen höheren Gewinn zu erzielen. Diese Quantität war aber nur zu erlangen, wenn sich der Stil der Bildherstellung an den Bedürfnissen der Zeit orientierte. Diese Bedürfnisse mußten so umgesetzt werden, daß die Akzeptanz aller Käufer sichergestellt war. Disdéri hat dies mit seinem Postulat nach »Schönheit« und »angenehmem Äußeren«, eben nach dem bürgerlichen Ideal getan. Das bunte Potpourri der Kulisse ist ein pluralistisches Zugeständnis.

Thomas Neumann vergleicht die Salons des Bürgertums mit den Kulissen des Fotoateliers. Beide sind in gleicher Weise unwirklich und stehen in keinem realen Bezug zu ihrem Besitzer. Ein Bezug wird erst dann hergestellt, wenn der Bürger in ihnen agiert: »Der bürgerliche Salon, in seiner typisch irrelevanten Montage aus Traditionsgütern und Häuslichkeit, schließlich auch der Ort, in dem diese Fotografie ausgestellt werden sollte, der einer Kulisse mehr als einem Wohnraum ähnelte, ist mühelos transportierbar. Erst im Atelier des Fotografen ist er vollkommen funktionsfähig, denn er ist im Grunde die wohlsortierte Garnitur von Requisiten, die zum Leben kommen können, wenn sich zwischen ihnen etwas abspielt.«[100] Der irreale Charakter ihrer Zusammenstellung wurde also nicht als Nachteil empfunden, sondern vielmehr als Chance, sich dem Ziel der perfekten Inszenierung eigener Wunschvorstellungen zu nähern. Die Kunst der Retusche, die angeblich den Untergang jeder künstlerischen Fotografie besiegelte, war somit keine Form der unzulänglichen, weil medienunspezifischen Täuschung mehr, sondern vielmehr die konsequente Anpassung der Fotografie an den Zeitgeist, dem sie schließlich immer unterlegen war.

Mit der *carte de visite* gerät das Bildnis erstmals in einen funktionalen Zusammenhang, der über das Repräsentative hinausgeht. Ihren Namen erhielten die Fotos, weil man mit ihnen die Idee verband, sie anstelle einer Visitenkarte abzugeben. Nicht mehr Namen und Titel, sondern die äußere Erscheinung sollten zur Einführung der eigenen Person genügen. Das repräsentative Portrait wurde zum Gebrauchsgegenstand, dessen Billigkeit erlaubte, es zu verschenken, und dessen handliche Größe eine Vielzahl von Verwendungsmöglichkeiten anbot. »Bei dem letzten Maskenball in den Tuilerien mußte jeder Besucher sein Visitenportrait abgeben im Kostüm, für ein Album der Kaiserin Eugénie ... Der römisch-katholische Bischof von Montreux bat die Personen, die ihn zur Neujahrsgratulation besuchten, ihre fotografischen Visitenkarten mit dem Namen auf der Rückseite mitzubringen.«[101] Nadars Idee des Pantheons hatte in den Bürgerhäusern überlebt, jedoch nicht als eine Sammlung unerreichbarer Größen aus Kultur und Gesellschaft, sondern als Sammlung des eigenen, persönlichen Umkreises, der damit zum Pantheon der eigenen Zeitgenossen werden konnte. Es ist sicherlich kein Zufall, daß Disdéri unter genau diesem Namen Nadars alte Idee aufgriff und sie sehr erfolgreich mit billigen Visitenkartenportraits verwirklichte. So wurde man nicht nur zu einem äußerst günstigen Preis der berühmten Zeitgenossen habhaft, in Verbindung mit der eigenen Fotografie waren diese Alben der Beweis für die Ebenbürtigkeit der eigenen Person.

Diese kleinen Fotografien im Westentaschenformat hatten zudem die Intimität früher Daguerreotypien zurückgewonnen. Die Rezeption fand nicht mehr zwingend im öffentlichen Salon statt, wo das gemalte Bildnis aufgehängt war, es konnte nun auch unabhängig von Ort und Zeit aus der Tasche gezogen werden, um mit ihm allein zu sein. Bei gleichzeitiger Nivellierung der dargestellten Persönlichkeit, bei dem Verlust ihrer Individualiät gewinnt die Fotorezeption hier an Intimität, die sie schon bei den allerersten Lichtbildern besessen hatte, mit denen man bei der Betrachtung durch die Lupe allein war. Dort, wo die Visitenfotos den gesellschaftlich repräsentativen Rahmen verließen, wo sie nicht in Alben gesammelt wurden, dort, wo ihre geringe Größe die Möglichkeit eröffnete, einen liebgewonnenen Menschen als Foto ständig in der Nähe zu haben, in diesem Bereich der Rezeption wurde weniger auf das Kulissenarrangement abgehoben, als vielmehr auf die äußerst naturalistische Darstellung. Dieses Rezeptionsverhalten lief der allgemeinen Kommerzialisierung allerdings nicht entgegen. Die ästhetischen Auflagen, die Disdéri an die Massenfotos stellte, beeinträchtigten die Oberflächengenauigkeit des Mediums nicht. Die kommerzielle Auswertung setzte lediglich die Akzente anders: Daß die Bilder als repräsentative Wunschbilder gefertigt wurden, schließt die individuelle intime Rezeption nicht aus.

Fotografie und Industrie

In den sechziger Jahren des 19. Jahrhunderts führte man in Paris eine Zählung durch, nach der angeblich 23 000 Personen »mit der Herstellung von Fotografien« beschäftigt waren.[102] Die vorsichtige Umschreibung der Berufsbezeichnung läßt vermuten, daß unter dieser immensen Zahl von Fotografen viele Dilettanten ihr Auskommen suchten. Trotzdem verdeutlicht die Statistik, daß die Fotografie sich mit einer Schnelligkeit und in einem Ausmaß verbreitet haben muß, die noch zwanzig Jahre zuvor unvorstellbar gewesen wären. Eine ganze Reihe unterschiedlicher Komponenten hat diese Entwicklung begünstigt: der politische Aufschwung des Kleinbürgertums; die neue Ästhetik der Fotografien, deren Oberflächengenauigkeit dem Positivismus der Zeit entsprach; die

Photographie!

Letzte Neuheit! Kein Spielzeug!

Eastman's „Kodak-Handcamera"

Patentirt in allen Ländern.

„Kodak" wiegt geladen für 100 Aufnahmen 700 Gramm und ist $5^1/_2 \times 9 \times 16$ cm gross.

„Kodak" Bilder sind rund, $6^1/_2$ cm im Durchmesser und haarscharf. Sie eignen sich daher vorzüglich für Projectionen und Vergrösserungen.

„Kodak" Linse ist stets im Brennpunkt, daher kein Einstellen nöthig, ganz gleich ob man nahe oder entfernte Gegenstände aufnehmen will.

„Kodak" enthält höchstempfindliches Negativ-Papier für 100 Aufnahmen hintereinander.

„Kodak" erlaubt Augenblicksaufnahmen (mit verstellbarem Verschluss) sowie Zeitaufnahmen (mit dem Objektivdeckel).

„Kodak" Handhabung ist die denkbar Einfachste. Sie erhalten „Kodak" geladen für 100 Aufnahmen. Sie halten „Kodak" wie Abbild zeigt, drücken auf einen Knopf und die Aufnahme ist gemacht. Sie drehen einen Schlüssel um eine ganze Umdrehung und „Kodak" ist fertig für die zweite Aufnahme.

„Kodak" ist ein prachtvolles und nützliches Geschenk.

„Kodak" ist die beste, einfachste, sicherste und leichteste aller Detectivcameras.

Man verlange Probebilder und genaue Preisliste.

Preis: 1 **„Kodak"-Camera** fertig zum Gebrauch mit Objektiv, Verschluss, Ledertasche und **geladen mit einer Spule höchstempfindliches Negativpapier** für 100 Aufnahmen . . . . *M.* 120.—
1 **Extraspule** für 100 Aufnahmen . . . . *M.* 9.—
Zubehör für Negativ- und Positiv-Verfahren mit Kiste . . *M.* 27.—

Jede „Kodak"-Camera ist versiegelt und vor Versendung auf ihre Güte geprobt. Man verweigere die Annahme von „Kodak" wenn das Siegel fehlt. — Jeder „Kodak"-Camera liegt eine genaue Anleitung mit vielen Abbildungen bei.

Romain Talbot.

10 Brüderstrasse. **Berlin C.** **Brüderstrasse 10.**

20 Kodak-Anzeige im »Beiblatt der Fliegenden Blätter«, München. 9. Dezember 1888

Möglichkeit, Fotos massenweise zu produzieren, sowie die Flexibilität des Fotografengewerbes, das sowohl den Geschmack als auch die Kaufkraft neuer Kundenkreise richtig einschätzte. Die Folge: eine ständige Vergrößerung des Marktes bei gleichzeitiger Verringerung des Kaufpreises für das einzelne Bild. Die Fotografie war als erstes Medium in den Strudel konsumorientierter Massenproduktion geraten: Um einen niedrigen Preis halten zu können, mußte man immer mehr produzieren. Um expansiv produzieren zu können, mußte man den Markt weiter öffnen – und zwar für die Käuferschichten, die bislang noch nicht in den Besitz einer Fotografie gekommen waren. Diese permanente Ausdehnung des Marktes führte aber unweigerlich zur Sättigung, die dann eintrat, als alle verfügbaren Käuferschichten erreicht waren. Die Produktion von Fotografien mußte folglich eine neue Qualität finden, die die Trennung zwischen dem Produzenten und den Kunden scheinbar aufhob und die Produktion gleichzeitig in die Sphäre industrieller Fertigung hob.

Der amerikanische Geschäftsmann George Eastman war der erste, der die Expansionsgrenzen erkannte und ein funktionierendes Gegenkonzept entwickelte: Eastman konstruierte und vertrieb eine billige Handkamera, die mit einem unbelichteten Film bestückt war. Diese Kamera verkaufte er an Laien, da für die Bedienung der Box keine Fachkenntnisse mehr nötig waren. Hatte man alle Negative belichtet, schickte man die Kamera an das Werk zurück, wo der Film entwickelt wurde. Zusammen mit den Kopien ging die neu geladene Kamera an den Besitzer zurück. Eastmans Werbeslogan stand für sein Marketingkonzept: »You press the button, we do the rest.« Neu an diesem Verfahren war der Einsatz des Rollfilms. Er machte es möglich, mehrere Fotografien hintereinander anzufertigen, ohne das Negativmaterial nach jeder Aufnahme wechseln zu müssen. »Die Handkamera Eastmans entließ den Fotografen aus dem Atelier, und die erste Folge davon ist ein Zuwachs an Amateuren, auf die sein Werbeslogan gemünzt war. Der Amateur erfaßt den Apparat wie seinen Gegenstand. Er arbeitet ... als sein eigener Fotograf ...«[103] Eine ganz neue Schicht von Benutzern konnte für die Fotografie gewonnen werden: Aus den ehemaligen Besuchern der Fotografenateliers wurden nun selbst Fotografen.

Eine solche Entwicklung scheint auf den ersten Blick unlogisch zu sein, da sich die Fotografen selbst um ihre Arbeit brachten. Tatsächlich bewegte sich die neue Qualität der Fotoproduktion nun auf einer Ebene, die die Basis des Handwerks verlassen hatte. Die Fotografie wurde in einen *industriellen* Fertigungsprozeß integriert, der zwar die Kleinunternehmer ruinierte, der den Fabrikbesitzern aber einen schier grenzenlosen Markt öffnete. Mit der Idee, jeden zum Fotografen zu machen, wurde auch jeder zum potentiellen Kunden, der nicht allein mit dem einmaligen Kauf einer Kamera, sondern auch mit der ständigen Nachbestellung neuen Filmmaterials und neuer Abzüge an den Fotokonzern gebunden blieb. Mit der Einführung industrieller Fertigungsweisen konnte die Fotografie endgültig zum Massenmedium werden.

Lagen früher vom Vorgang des Fotografierens über die Entwicklung bis hin zur Anfertigung einer Kopie alle Arbeitsgänge beim Fotografen selbst, trat nun erstmals eine Arbeitsteilung ein, in der alle Prozesse, die jenseits des eigentlichen Fotografierens lagen, in die Fabrik des Konzerns verlagert wurden. Damit war eine Normierung und Rationalisierung der Arbeit möglich geworden, die in der handwerklichen Fertigung nicht gelingen konnte. Zum einen, weil sich die unabhängig arbeitenden Fotografen nicht auf eine Vereinheitlichung der Formate und Techniken einigen konnten, zum anderen, weil sie in ihren kleinen Betrieben kein Auftragsvolumen erreichten, das derartige Rationalisierungen erforderlich bzw. möglich gemacht hätte. Die Rationalisierung des fotografischen Prozesses veränderte auch die Arbeit der Fotografen, die nun lediglich zu Motivsuchern wurden.

Die veränderte Wirklichkeit und die veränderten Wunschbilder

Ende des 19. Jahrhunderts hatte das Bürgerbildnis, das sozialen Stand und kulturelle Tradition demonstrieren sollte, an Bedeutung verloren. Die sozialen Gegensätze waren zu kraß geworden, um in den Wunschinszenierungen kleinbürgerlicher Carte-de-visite-Fotografien verharren zu können. »Um 1900 bemerkt das gebildete Bürgertum in Deutschland die Nachteile der rapiden Industrialisierung, es reagiert mit Unbehagen auf das gründerzeitliche Profitdenken und den entsprechend prunkvollen Lebensstil. Im Zuge einer intern bürgerlichen Selbstbestimmung wächst die Sorge um die Seele, die man von der Technik bedroht sieht. Es meldet sich das starke Bedürfnis nach einem abgeschirmten Privatbereich . . .«[104] Aber nicht nur die Seele sah man bedroht. Aufgrund der gesamten gesellschaftlichen Entwicklung, der Verschärfung der sozialen

21 George Eastman mit einer Kodak Nr. 2 auf der Überfahrt nach Europa im Februar 1890, aufgenommen mit einer Kodak Nr. 2

und politische Gegensätze geriet das Bürgertum, einst politisch progressive Kraft, in eine bedrängte Stellung. »Der Arbeiter wurde nur als Kostenfaktor betrachtet. Unmenschliche Arbeitsbedingungen waren die Folge: überlange Arbeitszeiten, unzureichende Arbeitsräume, überschwere Arbeit, Frauen- und Kinderarbeit. – Der Protest des Industrieproletariats war die Folge des Elends der arbeitenden Klassen ... Der Proletarier war persönlich frei, aber besitzlos, daher unselbständig und stets zur Arbeit in fremden Diensten gezwungen, ohne eine gesicherte Arbeitsstelle zu erlangen. Der Lohn deckte im wesentlichen nur den Lebensunterhalt, daher bestand keine Aussicht, dieser Lage zu entkommen; vielmehr vererbte sie sich auf die Nachkommen.«[105] Bereits 1844 war es zu den ersten Arbeiteraufständen in Schlesien gekommen, die Märzrevolution und die Revolution von 1871, die Arbeiterbewegung, die ständig an Macht zunahm, all dies drängte das Bürgertum in die Defensive. Hinter der Angst um die Seele verbarg sich eine Angst vor der Realität. Der Rückzug ins Private war nicht zuletzt ein Rückzug aus dem selbst verursachten Elend.

Das Wunschbild des Bürgertums, das sich in den massenhaften Visitenfotos ablesen läßt, zeigte deutliche Risse. Der Gegensatz zur Realität war zu kraß geworden, um diesen weiterhin in der Fotografie ignorieren zu können. Dabei war es keineswegs so, daß die Inszenierung der Bilder, ihr bizarres Arrangement, an Wirkung verloren hatte. Allein der Widerspruch zwischen dem Informationsgehalt der Fotografien und der gesellschaftlichen Wirklichkeit, die diese ignorierten, machte die Bilder als Repräsentations- und Wunschbilder zunehmend untauglich. Bei dem Rückzug in die Privatheit wurde die Kulisse des Fotografenateliers mit ihrer Demonstration bürgerlicher Werte anachronistisch. Von der technischen Innovation und der ästhetischen Neuorientierung der Amateurfotografie profitierten nicht zuletzt die kleinbürgerlichen Schichten, all diejenigen, die im wirtschaftlichen Boom der Industrialisierung soviel Geld erworben hatten, daß sie existentieller Nöte enthoben waren. Sie blieben das wichtigste Kundenpotential für diese neue Art der Fotografie. Der geringe Preis und die Formlosigkeit ihres Einsatzes waren ihren Bedürfnissen angepaßt. Für sie gab es keine Tradition der Bildnismalerei oder -fotografie zu bewahren. Sie bildeten die Übergangsschicht, bevor die Fotografie endgültig die gesamte Bevölkerung erreichte. Ihr kam die Aufgabe zu, die letzten Konventionen im Umgang mit Bildern abzubauen, sie den persönlichen, spontanen Bedürfnissen unterzuordnen. Die Fotografie verlor ihre letzten elitären Züge – nicht durch den Verlust ihres ästhetischen Gehalts, sondern durch die Art und Weise ihres Einsatzes: Wenn die Fotografie allgegenwärtig ist, dann verliert sie die Möglichkeit, dem Dargestellten Bedeutung zu verleihen. Fotografiert zu werden, fotografiert zu sein, markiert keine hervorgehobene Position oder Situation mehr. Indem jeder die Fotografie benutzt, indem jede Situation fixierbar geworden ist, reflektiert sich diese zwar noch im Medium, verliert aber zunehmend an Gehalt. Sie wird zum blassen Abbild der Realität. Indem sie ihre spezifische Wertigkeit, die sie als Repräsentations- oder Wunschbild noch besaß, verliert, wird sie allseitig verfügbar. Mit der Unbekümmertheit ihrer Benutzung ist die letzte Hürde zur uneingeschränkten Expansion des Mediums gefallen.

Die Fotografie hat sich damit zur Massenkultur entwickelt, von der Habermas behauptet, daß »... Umgang mit Kultur übt, während der Verbrauch der Massenkultur keine Spuren hinterläßt; er vermittelt eine Art von Erfahrung, die nicht kumuliert, sondern regrediert.«[106] Den Weg zu derartigen Gütern der Massenkultur unterscheidet Habermas nach den Funktionen des Marktes in zwei Richtungen: »... je nachdem, ob er (der Markt) einem Publikum den Zugang zu Kulturgütern erst verschafft und dann, im Maße der Verbilligung der Produkte einem immer größeren Publikum den Zugang *ökonomisch erleichtert;* oder ob er den Inhalt der Kulturgüter den eigenen Bedürfnissen derart adaptiert, daß er den breiten Schichten auch *psychologisch* den Zugang erleichtert.«[107] Die Untersuchung hat gezeigt, daß bei der Fotografie gleichwohl *beide* Komponenten zusammenfallen, um ihr den Zugang zum Kulturgütermarkt zu erleichtern. Fotografie ist seit Anbeginn ein bürgerliches Medium, das sich über konsequente Verbilligung einen vergrößerten Kundenkreis erschließen konnte. Gleichzeitig entleerte sich die Fotografie ihres Gehalts, indem sie »nicht nur ihrer Form, sondern auch dem Inhalt nach zur Ware wird ...«[108]

III Die Fotografie als Medium: Versuch einer Beschreibung

Um die Wirkungsweise der Fotografie genauer beschreiben zu können, müßte neben die Analyse des gesellschaftlichen Umfeldes, in dem sie sich etabliert hat, eine Untersuchung ihrer medialen Charakteristika treten. Die Fotografie verfügt als erstes technisches Bildmedium über neue Eigengesetzlichkeiten in Produktion und Rezeption. Nicht nur als Ware, sondern auch als Medium trägt die Fotografie zu einer neuen Bedeutung der Bilder in der Gesellschaft bei, denn mit der Erfindung der Fotografie wurde die jahrtausendelange Tradition der Bildherstellung revolutioniert. Der französische Kunstkritiker Jules Janin schrieb nach der Erfindung der Daguerreotypie: »... der Stein, das Pflaster, das unsichtbare Sandkorn, das auf der Oberfläche liegt, all diese Dinge, groß oder klein, die vor der Sonne gleich sind, sie bilden sich in dieser Camera obscura ab, die alle Eindrücke auffängt.«[109] In einer Mitteilung an die Académie des sciences schrieb der Wissenschaftler Arago: »Kurz, in der Kamera erzeugt das Licht selbst die Formen der äußeren Objekte und ihre Verhältnisse mit einer fast mathematischen Genauigkeit ...«[110] Und die beiden Erfinder Nièpce und Fox Talbot sahen in den Lichtbildern die Endprodukte einer selbsttätigen Bildherstellung, in der das Licht ohne menschliches Zutun mit hoher Geschwindigkeit und großer Detailtreue unbeeinflußbar ein Spiegelbild der äußeren Wirklichkeit erzeugte. Bilder, die zunächst handwerklich gefertigt wurden, entstanden nun maschinell. Hierin liegt der große Einschnitt, den die Zeitgenossen Daguerres in der Erfindung der Fotografie zu erkennen glaubten. Reproduktionstechniken und -maschinen gab es bereits, auch wenn diese weit davon entfernt waren, Bilder zu Massenmedien zu erheben. Die Drucktechniken wie Holzschnitt, Kupferstich oder Lithographie waren kleine Versatzstücke in einem überwiegend von manueller Arbeit abhängigen Herstellungsprozeß, der ohne die künstlerische Begabung ihrer Benutzer nur untaugliche Ergebnisse zeitigen konnte. Mit der Fotografie glaubte man, erstmals Bilder nach den unbeeinflußbaren Gesetzen von Physik und Chemie erzeugen zu können. Der Künstler wurde zum Operateur, das Bild zum Endprodukt einer chemischen Reaktion.

Die Vervielfältigung menschlicher Eindrücke und Ideen, die Fähigkeit, sie über einen unmittelbaren Kreis von Betroffenen hinaus bekannt zu machen, gewann um so mehr an Bedeutung, je mehr das Leben zu gesellschaftlichem Leben wurde. Schrift an sich war, auch ohne die Erfindung der Buchdruckerkunst, ein wichtiger und früh verbreiteter Multiplikator. Durch die Predigt in der Kirche erreichte die »Heilige Schrift« den noch nicht alphabetisierten Rezipientenkreis, Abschriften wurden in gelehrten Kreisen angefertigt und weitergereicht. Reproduktionsformen existierten also lange bevor Reproduktionstechniken erfunden wurden. Durch den Eintritt der Industrialisierung bestimmten die gesamten Drucktechniken mit zunehmender Verbreitung gleichermaßen das Bild der Umwelt wie auch das Leben der Zeitgenossen. »Mit der Lithographie erreicht die Reproduktionstechnik eine grundsätzlich neue Stufe. Das sehr viel bündigere Verfahren, das die Auftragung der Zeichnung auf einen Stein von ihrer Kerbung in einen Holzblock oder ihrer Ätzung in eine Kupferplatte unterscheidet, gab der Graphik zum ersten Mal die Möglichkeit, ihre Erzeugnisse nicht allein massenweise (wie vordem), sondern in täglich neuen Gestaltungen auf den Markt zu bringen. Die Graphik wurde durch die Lithographie befähigt, den Alltag illustrativ zu begleiten.«[111]

Mit der Erfindung der Fotografie gelangte die ästhetische Verwandlung der Realität durch die Reproduktion in ein neues Stadium. Die Fotografie brachte eine völlig neue Qualität hervor, um der Natur als Abbildungsideal gerecht zu werden. Durch die nie zuvor erreichte Oberflächenrealität des fotografischen Bildes konnten bei der Rezeption die Grenzen zwischen Realität und Abbild erstmals verschwimmen.

Ihre Oberflächengenauigkeit, ihre realistisch-naturalistische Abbildung ließen für den Betrachter andere Medien wegen deren deutlicher Verfremdung minderwertig erscheinen. Die Erfahrung der Wirklichkeit durch das Medium wurde mit der Fotografie so unmittelbar, wie sie es vorher anscheinend noch nie gewesen war. Die Reproduktionstechnik hatte nicht nur in ihrem Verfahren, sondern auch in ihren Ergebnissen eine Perfektion erreicht, die menschlich unzulängliche Möglichkeiten durch nahezu vollkommene technische ersetzt. Der Mensch trat hinter einer Technik zurück, die ihm mit äußerster Genauigkeit Abbilder der

22 »In der Kamera erzeugt das Licht selbst die Formen der äußeren Objekte und ihre Verhältnisse mit einer fast mathematischen Genauigkeit.« William Henry Fox Talbot: Avenue des Capucines. Ca. 1843

Wirklichkeit lieferte. Arago hebt als das Revolutionäre der Fotografie hervor, daß sie »von selbst« die Wirklichkeit abbildet.

Die medienspezifischen Eigenschaften dieser Art der Bildherstellung bestehen gleichermaßen aus technisch wie auch aus gesellschaftlich bedingten Komponenten. Die Bilder werden zwar durch das Licht und mit einer Maschine fixiert, was die ersten Benutzer der Fotografie zu der Annahme veranlaßte, es mit einem selbsttätigen und damit unbeeinflußbaren Reproduktionsverfahren zu tun zu haben. Der Gebrauch der Fotografie ist aber nicht allein durch die spezifische Technik, sondern auch durch gesellschaftliche Konditionierung der Produzenten bestimmt.

In zweifacher Weise ist der Vorgang des Fotografierens der einer Reproduktion. Erstens zeichnet der Fotograf mit seinem Lichtbild die äußere Wirklichkeit nach. Fotografien sind anscheinend »Spiegelbilder« dessen, was der Fotograf als real erfährt. In dieser Verdoppelung steht die Fotografie in der Tradition der Kunst. Sie markiert quasi den vorläufigen Endpunkt im künstlerischen Bestreben nach einem höchsten Realismus in der Abbildung; sie reproduziert die Wirklichkeit im Bild. Gleichzeitig bewegt sich die Reproduktion im fotografischen Prozeß auf einer zweiten Ebene. Die reproduzierten Bilder sind keine Einzelbilder mehr, sie selbst stammen aus einem technischen Prozeß, in dem die Wirklichkeitsreproduktionen reproduzierbar geworden sind. Neben die Verdoppelung tritt die Vervielfältigung. Dieser Charakter der Fotografie hebt sie deutlich aus der Tradition der Kunst heraus, er macht die Fotografie zum Massenmedium. Walter Benjamin hat ausführlich auf die Auflösung des Originals durch den Prozeß der technischen Reproduktion und Vervielfältigung hingewiesen, dessen Folge schließlich die »Entauratisierung« ist: ». . . was im Zeitalter der technischen Reproduzierbarkeit des Kunstwerks verkümmert, das ist seine Aura. Der Vorgang ist symptomatisch; seine Bedeutung weist über den Bereich der Kunst hinaus. Die Reproduktionstechnik, so ließe sich allgemein formulieren, löst das Reproduzierte aus dem Bereich der Tradition ab. Indem sie die Reproduktion vervielfältigt, setzt sie an die Stelle seines einmaligen Vorkommens sein massenweises.«[112] Der hier beschriebene Prozeß der »Verdoppelung der Natur«[113] in der Fotografie wird von einer Reihe unterschiedlicher Komponenten bestimmt.

Zentraler Ort dieser Verwandlung von »Natur« in »Abbilder« ist die Kamera des Fotografen. Sie wird im folgenden das Zentrum der Analyse des fotografischen Prozesses bilden. Alle für die Aufnahme relevanten Teile der Kamera, vom Sucher bis zum Objektiv – und die Schritte der Umwandlung, die sie bewirken – werden genauer beschrieben. Fotografen wie der Italiener Ugo Mulas oder der Deutsche Timm Rautert haben bereits Anfang der siebziger Jahre versucht, mit Hilfe von Fotografien die fotografischen Vorgänge und Wirkungen genauer zu beschreiben, Fotoserien über die Fotografie. Ihr detaillierter Blick auf einzelne Phänomene des fotografischen Prozesses, die Distanz zu den Erscheinungsformen, die uns so vertraut sind, die aber erst durch kritische Analyse ihre Charakteristika offenbaren, waren Ansporn für ein ähnliches Vorgehen.

Die Kamera

Betrachtet man die Reproduktionstechnik, so ließe sich die Erfindung der Kamera als die Erfindung einer Bildermaschine beschreiben. In ihr laufen zwei getrennte Entwicklungslinien der Reproduktionstechnik zusammen, eine chemische und eine optische. Während auf der einen Seite bereits Druckplatten und -steine eingesetzt wurden, die Vervielfältigung also durch den Gebrauch von Druckstock und Druckfarbe möglich war, wurde auf der anderen Seite schon im Mittelalter mit Hilfe von einfachen Rasterrahmen das Malen perspektivischer Bilder erleichtert. Die Camera obscura vereinfachte diese Methode noch. Die Reproduktion des von ihr entworfenen Bildes blieb aber weiterhin von der Handfertigkeit des Malers abhängig.

Indem die Kamera sowohl die Reproduktion als auch die Vervielfältigung integriert, ändert sich zugleich die Bedeutung des Bildproduzenten: Die Bildkultur gerät in die Sphäre der Trivialität; mit der Massenhaftigkeit verlieren die Bilder ihre Einmaligkeit und Echtheit. Die Bildproduzenten werden durch die Technik vom Status des Künstlers in die Nähe von Technikern gebracht. Die Kamera produziert somit ein ganz neues Abhängigkeitsverhältnis zu den Produktionsmitteln. Obwohl der Kamera Charakteristika industrieller Produktion insofern zu eigen sind, als sie seriell, technisch und zunehmend automatisiert arbeitet, kann sie selbst jedoch nicht zur Bilderfabrik werden. Es wird nötig, zwischen dem Status des Bildproduzenten und der Maschine, die er bedient, zu differenzieren, innerhalb der Gesellschaft und der medialen Praxis.

Bei der technischen Herstellung von Bildern wird der Fotograf in immer größere Abhängigkeit von der Maschine gebracht, die er bedienen muß, um zu dem gewünschten Bild zu gelangen. Die Perfektionierung und Automatisierung der Technik produziert Folgen, die ambivalent sind: Einerseits erweitert die Einführung der Kleinbildkamera zwar die Einsatzmöglichkeiten und eröffnet dem Fotografen ein breites Spektrum bisher nicht zu bearbeitender Themenkomplexe. Erinnert sei hier an die Bedeutung der Kleinbildkamera für den Bildjournalismus. Andererseits reduziert die Technisierung immer mehr die Möglichkeiten, in den Herstellungsprozeß einzugreifen. Hatten die ersten Fotografen noch alle Stufen des Herstellungsprozesses, von der Aufnahme über die Entwicklung bis hin zur Kopie des Abzugs, kontrollieren können, wird mit der Erfindung der Boxkamera 1888 diese Einheit zerstört.

Der Akt des Fotografierens verbleibt in der Privatsphäre, während die Entwicklung des Bildes Teil eines industriellen Prozesses wird. Die eigentliche Herstellung ist immer weiter in die Kamera integriert worden. Die Sofortbildkamera steht am Ende dieser Entwicklung; sie läßt dem Fotografen lediglich die Möglichkeit, das in Minutenschnelle entstandene Bild zu akzeptieren oder es zu vernichten. Die einzelnen Phasen des Herstellungsprozesses sind so dicht aneinander gerückt, daß dem Fotografen keine Möglichkeit des Eingriffs, der subjektiven Manipulation mehr bleibt. Insofern ist die Kamera der maschinellen Produktion in der Fabrik ebenbürtig geworden. »In Manufaktur und Handwerk bedient sich der Arbeiter des Werkzeugs, in der Fabrik dient er der Maschine. Dort geht von ihm die Bewegung des Arbeitsmittels aus, dessen Bewegung er hier zu folgen hat. In der Manufaktur bilden die Arbeiter Glieder eines lebendigen Mechanismus. In der Fabrik existiert ein toter Mechanismus unabhängig von ihnen, und sie werden ihm als lebendige Anhängsel einverleibt.«[114] Dies trifft für die Fotografie um so mehr zu, da die Anwesenheit der Kamera heute auch ihren Einsatz provoziert. War der Akt des Fotografierens im 19. Jahrhundert noch ein Versuch, sich Wirklichkeit anzueignen, ist er heute inhaltsleer geworden. »Selbst die Erleichterung der Arbeit wird zum Mittel der Tortur, indem die Maschine nicht den Arbeiter von der Arbeit befreit, sondern seine Arbeit vom Inhalt.«[115] Die Verdrängung des Produzenten aus dem Produktionsprozeß, wie sie hier in groben Zügen erkennbar wird, soll später für den Bereich der Bildmedien noch genauer untersucht werden. Dabei wird sich auch zeigen, ob die naheliegende, hier vermutete Analogie zwischen Industrie und Kulturindustrie tatsächlich haltbar ist.

In der privaten Sphäre scheint es jedoch noch immer so zu sein, daß der Benutzer der Kamera Zeitpunkt und Art ihres Einsatzes frei bestimmen kann. Hier existieren offenbar noch Entscheidungsfreiräume, die das Zitat von Marx übersteigert erscheinen lassen. Trotzdem kann man feststellen, daß die Kamera in dieser Privatsphäre vornehmlich dazu benutzt wird, thematische und ästhetische Stereotypen zu produzieren. Die Fotografie im nichtprofessionellen Bereich ist so determiniert, daß es darin kaum mehr eine individuelle Artikulation gibt. Die millionenfachen Urlaubsfotos sind austauschbar wie die Bilder der Familienalben. Dies liegt an der Orientierung an überlieferten Klischees, wird also nicht allein durch die Kamera festgelegt, gleichzeitig aber auch an der Unzulänglichkeit massenhaft verbreiteter Amateurkameras, die nur bestimmte, stark eingegrenzte Themenbereiche für den Amateur öffnen. Die Billigkameras befähigen ihre Benutzer zwar zur Bildproduktion, amputieren aber auch deren Artikulationsmöglichkeiten. Anders verhält es sich bei den semiprofessionellen Kamerabesitzern, sie sind weder wirtschaftlich noch thematisch von Dritten abhängig. Hier gibt es eine Polarisierung, bei der einerseits der Einsatz der Kamera von ihren Benutzern noch frei bestimmt wird, bei der aber andererseits die Arbeit nicht durch die Kamera, wohl aber durch die Erzeugung von Vorbildern und Moden in Magazinen beeinflußt wird.

Auch wenn die Fotografie ihre Benutzer durch die Technik weitgehend festlegt, kann die Kamera selbst trotzdem nicht zur Bilderfabrik werden. Industrielle Produktion bedeutet nicht allein massenhafte, von der Maschine bestimmte Herstellung, sie beinhaltet auch ein Abhängigkeitsverhältnis zwischen dem Besitzer und dem Bediener der Fabrikmaschinen. Beide sind unterschiedliche Personen mit divergierenden Interessen. Hingegen sind die Absichten, die der Besitzer und Benutzer einer Kamera verfolgt, durchaus identisch. Die Bildproduktion, auch wenn sie sinnentleert ist, bleibt dem persönlichen Willen des Fotografen unterworfen. Dies ändert sich erst mit der Eingliederung der Kamera in einen Konzern und seine Politik, wie dies Anfang des Jahrhunderts mit dem Film geschah. Hier obliegt die Arbeit des Kameramannes nicht mehr dem freien Willen des Benutzers; ihr Einsatz wird von den Vorgaben des Kollektivs bestimmt, das vornehmlich nach wirtschaftlichen Interessen entscheidet. Analogien lassen sich für die Fotografie erst mit ihrer Integration in die Massenpublikationen ziehen. Illustrierte, Magazine und die Werbung bringen den Fotografen zunehmend in die Abhängigkeit von seinem Apparat, dessen Einsatz nicht mehr er selbst, sondern der Verwerter seiner Bilder bestimmt.

Die Kamera nimmt also in ihrer geschichtlichen Entwicklung eine Fülle unterschiedlichster Positionen ein: zum Fotografen, der sie bedient, und zu der Gesellschaft, die ihren Einsatz konditioniert. Sie ist Handwerkszeug, das in sich eine technische Apparatur perfektioniert; dieses Handwerkszeug selbst kann aber nicht den Wechsel von der Manufaktur zur Fabrik nachvollziehen, es kann aber sehr wohl als Werkzeug in einen industriellen Herstellungs- und Verwertungsprozeß integriert werden.

Die Zunahme der Technisierung im Prozeß der Bildherstellung brachte gleichzeitig eine wichtige Umwälzung in der Benutzerstruktur und in deren Umfang. Im Zeitalter der Reproduktionstechniken sind

Bildherstellung und -besitz keine Privilegien mehr. Mit der Flut der Bilder, die eine einzelne Kamera in immer kürzerer Zeit produzieren kann (die Entwicklung von der Daguerreotypie, die immer ein Unikat war, über die Glasplatte, den Rollfilm zum Kleinbildfilm, der inzwischen mit Hilfe eines Motors in Sekundenschnelle durch die Kamera gezogen wird), verlieren die Bilder ihren Privilegcharakter. Die Vermutung, mit der Fotografie ein demokratisches Medium zu besitzen, beruht nicht nur auf der Annahme, daß das Lichtbild unbeeinflußbar ist, sondern auch darauf, daß alle Menschen gleichermaßen in den Genuß eines alten Privilegs kommen, nämlich das, Bilder zu besitzen.

Das Filmmaterial

Beim fotografischen Prozeß geschieht die Verwandlung der Wirklichkeit auf zwei Ebenen: Durch das Medium wird zunächst die *Realität* in einem *Abbild* gebrochen. Die andere Verwandlung ist nicht durch die Technik bestimmt, sondern durch das subjektive Moment beim Fotografieren: Der *Blick* des Produzenten wird in ein *Abbild* umgesetzt. Beide Komponenten, die technische wie die subjektive, machen die Eigenschaften des ästhetisch-technischen Mediums Fotografie aus. Die folgenden Abschnitte werden sich mit den einzelnen Aspekten des fotografischen Prozesses auseinandersetzen und dabei die Veränderung der Realität durch die fotografische Reproduktion reflektieren. Dabei ist die technische Weiterentwicklung des Filmmaterials eng an die der Kamera geknüpft. Das Filmmaterial hat als Bildträger andere Eigenschaften als seine Vorgänger Papier, Holz, Leinwand oder Stein. Seine Präparierung läßt keine uneingeschränkten Eingriffe des Bildproduzenten mehr zu. Dessen Gestaltungswille muß zugunsten einer selbsttätigen Reproduktion der äußeren Wirklichkeit zurücktreten. Diese äußere Wirklichkeit schlägt sich auf dem Film in einem Grautonraster in extremer Verkleinerung nieder. Auf diesem Wege gehen bereits wesentliche Bestandteile der

23 Timm Rautert: Bildanalytische Fotografie. Kontakt eines zur Hälfte belichteten Farbnegativs. Kassette halb aufgezogen, gezählt 21–22, Kassette geschlossen. 14. 6. 71, Tageslicht bedeckt. 1971 ▷

zu verdoppelnden Natur verloren, drei Dimensionen verkürzen sich auf zwei; Räumlichkeit muß mit Hilfe einer optischen Täuschung erzeugt werden. Der Film enthält alle optischen Informationen der Wirklichkeit, die aber nach der Kopie auf ein Papier nicht wieder zur Wirklichkeit werden können. Der Film ist ein Informationsspeicher, zu dem man sich mittels einer Kopie Zugang verschaffen kann.

Innerhalb des Herstellungsprozesses ist der Film lediglich Halbware, aus dem Rohstoff Wirklichkeit wird erst im fertigen Bild das Endprodukt. In seiner Fähigkeit, schnell Bilder festzuhalten, übertrifft der Film die Fähigkeit des menschlichen Auges. Daher ». . . tendiert die Fotografie im Zuge ihres Bemühens um ungestellte Wirklichkeit zur Akzentuierung des Zufälligen. Momentaufnahmen leben geradezu von Vorgängen, die sich aufs Geratewohl und am Rand abspielen.«[116]

Der Sucher

Durch den Sucher nimmt der Bildhersteller die äußere Wirklichkeit nur noch fragmentarisch wahr. Mit dem Blick durch die Kamera erfährt er vorweg etwas vom späteren Aussehen des fotografischen Bildes, von dessen Ausschnitthaftigkeit in Raum und Zeit. Fotografien weisen über sich hinaus, sie erinnern auch an das, was außerhalb der Bildbegrenzung liegt, ohne es zu zeigen. Die räumliche Begrenzung des Suchers bzw. des späteren Bildes wirkt wie der Schacht einer Guckkastenbühne oder eines Panoramas, der dem Betrachter die Illusion räumlicher Unendlichkeit vermitteln will.

Bei dem Blick durch den Sucher wird die Wirklichkeit in einem Punkt maßgeblich verändert: Jede Fotografie ist eine Verkleinerung, im fotografischen Bild reproduziert sie Wirklichkeit en miniature. Erst in der Rezeption wird diese Verkleinerung anscheinend als Vergrößerung empfunden. Die Zeitgenossen Daguerres faszinierte die Möglichkeit, mittels der Fotografie die Wirklichkeit wie unter einer Lupe zu studieren. Walter Benjamin verweist in diesem Zusammenhang auf das »Optisch-Unbewußte«, das wir aus den Fotografien zu ziehen vermögen: »So wird handgreiflich, daß es eine andere Natur ist, die zu der Kamera als die zum Auge spricht. Anders vor allem dadurch, daß an die Stelle eines vom Menschen mit Bewußtsein durchwirkten Raums ein unbewußt durch-

24 Timm Rautert: Bildanalytische Fotografie. Lufthansa-Boeing 737. 1974

wirkter tritt.... Ist uns schon im Groben der Griff geläufig, den wir nach dem Feuerzeug oder dem Löffel tun, so wissen wir doch kaum von dem, was sich zwischen Hand und Metall dabei eigentlich abspielt, geschweige wie das mit den verschiedenen Verfassungen schwankt, in denen wir uns befinden. Hier greift die Kamera mit ihren Hilfsmitteln, ihrem Stürzen und Steigen, ihrem Unterbrechen und Isolieren, ihrem Dehnen und Raffen des Ablaufs, ihrem Vergrößern und ihrem Verkleinern ein. Vom Optisch-Unbewußten erfahren wir erst durch sie, wie von dem Triebhaft-Unbewußten durch die Psychoanalyse.«[117]

Die Detailtreue, die Isolation von Unwichtigem, der große Wirklichkeitsausschnitt auf der kleinen Fotografie, der Stillstand der Bilder, alles zusammen erweckt den Eindruck, die Verkleinerung als Vergrößerung erfahren zu können. »Alle Fotografien vergrößern den Zeitraum, in dem man eine Sache betrachten kann. Die Aufnahmen stellen flüchtig erlebte Zeit still. Sie isolieren Details aus dem Kontext, der sie normalerweise überlagert. Sie machen die Wirklichkeit in einem widersprüchlichen Verfahren sichtbarer als sie ist. Die Wahrnehmungszeit des Einzelbildes wird vergrößert, der Wahrnehmungsumfang durch das Ausschnitthafte jeder Aufnahme verkleinert.«[118] Erst mit dem Fortschreiten der Technik ermöglicht der Blick durch den Sucher eine tatsächliche Veränderung der Wahrnehmungsmöglichkeiten, indem die Kamera in Raum und Zeit eindringt, die dem menschlichen Auge ansonsten unerschlossen bleiben. Mit der Möglichkeit, Nahaufnahmen zu machen, wird die Fotografie tatsächlich zur Vergrößerung. Blossfeldts Nahaufnahmen erschließen den unbekannten Raum, wie Muybridges Bewegungsstudien die unerforschte Zeit öffnen.

Durch die Bezeichnung »Sucher« verweist dieser aber noch auf einen weiteren Wesenszug der fotografischen Praxis. Wenn sich das fotografische Bild dem direkten Zugriff des Bildherstellers entzieht, wenn es zudem in Raum und Zeit ausschnitthaft ist, so setzt es seinen Benutzer, anders als alle anderen Bildproduzenten, in eine starke Abhängigkeit von den optischen Vorgaben der Realität. Will der Fotograf Bilder seiner eigenen Vorstellung realisieren, so muß er diese entweder inszenieren oder versuchen, sie mit den Bildern der Wirklichkeit zur Deckung zu bringen. Dies wird ihm freilich nie gelingen, weil er die Deckungsgleichheit wegen der »Akzentuierung des Zufälligen« in der Fotografie[119] kaum mit letzter Konsequenz herstellen kann. Bilder werden gemacht, Fotos werden gefunden. Ähnlich verhält es sich mit der in der Fotografie eingefrorenen Zeit. Im Ausschnitt des Suchers bzw. des späteren Bildes erscheint die Zeit als verräumlichte Zeit. Neben der Verkleinerung geschieht hier eine weitere maßgebliche Veränderung der Wirklichkeit im fotografischen Bild: Die Zeit verschwindet und erinnert lediglich im ungewohnten Stillstand an ihren ständigen Fluß. Aus dem im Bild fixierten Raum rekonstruiert der Rezipient die Zeit. Der Bruchteil einer Sekunde wird in der Rezeption der Fotografie anscheinend zu einer »Geschichte«, die das Bild erzählen soll.

Tatsächlich ist die Fotografie selbst unfähig, Zeit und zeitliche Veränderung festzuhalten. Fotos stehen still und verweigern sich dem Lauf der Zeit. Was sie beinhalten, sind Hinweise auf Geschichte, nicht auf Zeit. Bilder können in Sekundenabständen entstanden sein, wie auch im Verlauf von Stunden oder Tagen. Sie verweisen nachdrücklich auf ein Geschehen, ohne dessen zeitliche Dimension in irgendeiner Weise adäquat dokumentieren zu können. In der Fotografie werden Zeit und Geschichte voneinander getrennt.

Ugo Mulas fotografierte die Aktion des Künstlers Jannis Kounellis, der mehrere Stunden täglich einen Pianisten in einem Saal immer wieder ein ganz bestimmtes Stück von Verdi spielen ließ, um den Raum mit Musik anzufüllen, ihn mit Klängen vollzupumpen. In dieser Zeit dokumentierte Mulas fotografisch die Musikdarbietung, die sich freilich nicht dokumentieren ließ. Das Ergebnis sind 36 gleichartige Bilder, die nichts über das musikalische und zeitliche Geschehen aussagen können.[120] Fotos selbst sind zeitlos, auch wenn sie viele Anhaltspunkte für eine zeitliche Einordnung enthalten. Tatsächlich bleibt aber jeder Versuch einer solchen Einordnung indifferent.

Das Objektiv

Die Linse der Kamera ist der zentrale Ort, an dem die Realität und der Blick einer Person gleichermaßen in ein Abbild umgesetzt werden. Die Linse verweist also auf eine *zweifache Brechung* innerhalb des fotografischen Prozesses: Erstens wird der Blick durch die Kamera mittels Technik verwandelt. Der Blick wird zum Bild. Die zweite Umwandlung betrifft nicht den Blick, sondern die Realität, die er erfaßt. Realität wird zum Abbild. Subjektiver Blick und objektive Wirklichkeit erfahren in

PRINT MOUNT

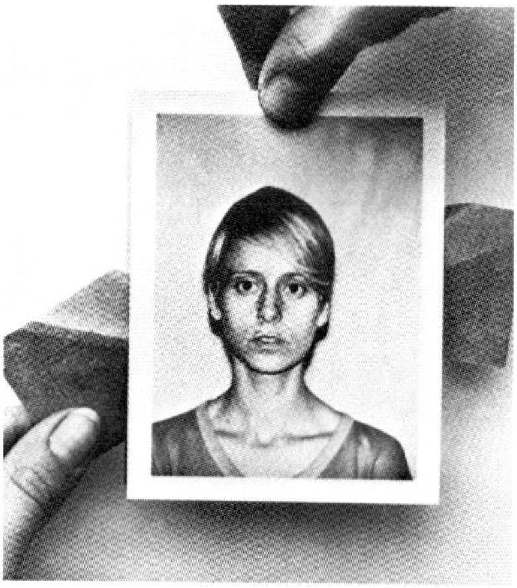

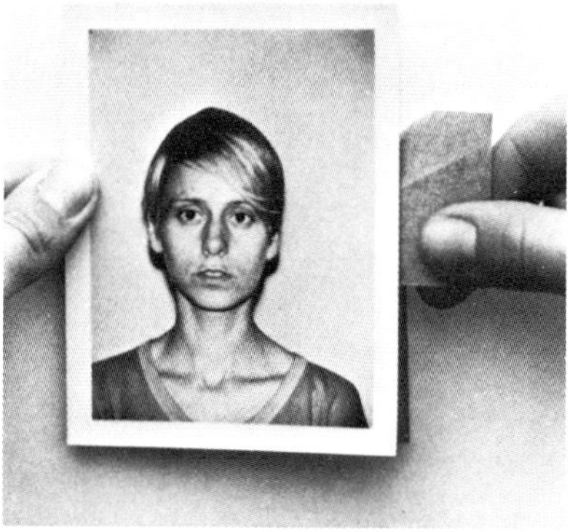

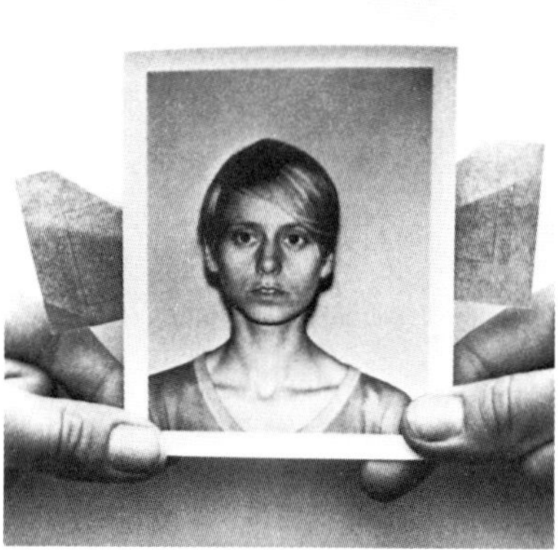

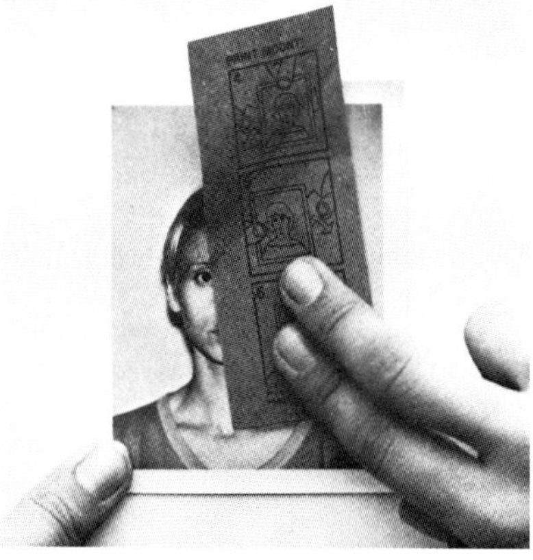
PRINT MOUNT

der technischen Reproduktion durch die Linse des Fotoapparates wesentliche Veränderungen. Der Blick wird in der Fotografie nicht nur von seinem visuellen und historischen Kontext isoliert, er wird nicht nur zu einem Bestandteil eines Gesamteindrucks, auf den das Foto vielleicht noch hindeutet, den es aber nicht mehr einbeziehen kann, er wird im fotografischen Prozeß vor allem von der Person des Produzenten losgelöst und objektiviert. Der Blick des Bildherstellers erscheint in den Fotografien verdinglicht, bzw. er verschwindet und ist als solcher nicht mehr zu identifizieren. Ebenso verhält es sich mit den dargestellten Dingen selbst. Im Bild werden sie ihrer selbst beraubt. Bilder machen die Wirklichkeit zum Schein und damit unwirklich. »Da wir die weithorizontige Welt, die heute wirklich ›unsere Welt‹ ist (denn ›wirklich‹ ist, was uns treffen kann und wovon wir abhängen), nicht in direkter, sinnlicher Anschauung kennenlernen können, sondern nur aus Bildern, begegnet uns *gerade das Wichtigste als Schein und Phantom,* also in verniedlichter, wenn nicht sogar irrealisierter Version. Nicht als ›Welt‹ (Welt kann man sich allein durch Fahren und Erfahren aneignen), sondern als uns ins Haus gelieferter *Konsumgegenstand.* Wer einmal eine Atombombenexplosion als ins Haus geliefertes Bild, also in Form einer tanzenden Postkarte, in seinem wohlgeheizten Wohnzimmer konsumiert hat, der wird nunmehr alles, was er sonst über die Atomsituation hören mag, mit diesem einmal gesehenen nippes-artigen Heimereignis assoziieren und damit der Fähigkeit beraubt sein, die Sache selbst aufzufassen und zu dieser eine angemessene Stellung zu beziehen.«[121]

Bei der Brechung im Objektiv geschieht noch eine zweite Umwandlung während des Übergangs von der Realität zum Abbild. Bei dieser Umwandlung wird aus der Realität eine Scheinrealität, die durch den Naturalismus der Fotografie allerdings so täuschend ist, daß sie in ihrer Faszination zu einem Verschwimmen zwischen Abbild und Realität führt: »Die Originalität der Fotografie im Unterschied zur Malerei besteht also in ihrer Objektivität. So heißt die Kombination der Linsen, die das fotografische Auge an die Stelle des menschlichen Auges setzte, treffend ›Objektiv‹. Zum ersten Mal stellt sich zwischen das auslösende Objekt und seine Darstellung nun ein anderes Objekt.«[122] Die Magie der

◁ 25 Timm Rautert: Bildanalytische Fotografie. Aufkleben eines Polaroids nach vorgegebener, gezeichneter Anweisung. 1972

Täuschung ist so perfekt, daß Bazin die grundlegende Veränderung weder im Umwandlungsprozeß noch im Wahrnehmungsprozeß reflektiert: »Die Objektivität der Fotografie verleiht ihr eine Stärke und Glaubhaftigkeit, die jedem anderen Werk der Kunst fehlt.«[123] »In diesem Sinne könnte man auch die Fotografie als eine Art Abguß betrachten, ein Abdruck des Gegenstandes durch die Vermittlung des Lichts.«[124] Bazin unterliegt ganz offensichtlich der perfekten Täuschung durch die Fotografie, indem er diese für die Wirklichkeit hält. Die magische Wirkung der Fotografie entstammt nicht zuletzt dieser mangelnden Differenzierung. Das Abbild für die Wirklichkeit zu halten, entspringt ebenso einer Täuschung, wie das flächige Grauraster der Fotografie für den »Abguß« des Gegenstandes zu halten, den es darstellt. Durch das Objektiv wird die Wirklichkeit *täuschend* echt reproduziert.

Das Positiv: die Vervielfältigung

Fotografien sind keine Unikate. Waren Bilder zuvor nicht oder nur in kleinen Mengen reproduzierbar, ermöglicht die fotografische Technik prinzipiell eine quasi unlimitierte Auflage einzelner Bilder. War Bilderbesitz und -konsum früher ein Privileg und ihre Wirkung auratisch, wie Benjamin schreibt,[125] so werden sie in der Zeit der Bilderflut und Massenmedien zum Konsumgut. Der Wert des Bildes hat sich mit seiner massenhaften technischen Herstellung verschoben, ebenso wie der Umgang mit ihm. »Der gesamte Bereich der Echtheit entzieht sich der technischen – und natürlich nicht nur der technischen – Reproduzierbarkeit. Während das Echte aber der manuellen Reproduktion gegenüber, die von ihm im Regelfalle als Fälschung abgestempelt wurde, seine volle Autorität bewahrt, ist das der technischen Reproduktion gegenüber nicht der Fall.«[126] Je massenhafter Bilder auftreten, um so schwieriger ist es, sie nach den tradierten Werten einzustufen. Mit der Fotografie hat das Einzelbild durch den Verlust der Aura, mit der Auflösung von Einmaligkeit und Echtheit, seinen ursprünglichen Wert eingebüßt. Seine gesellschaftliche Bedeutung hat aber in gleichem Maße zugenommen, wie der Wert der Einzelbilder abgebaut wurde. Diese neue gesellschaftliche Bedeutung erhalten die fotografischen Abbilder nicht mehr über den Status von Einmaligkeit und Echtheit, sie selbst sind eigentlich wertlos, sondern

26 Timm Rautert: Bildanalytische Fotografie. Himmel/Meer. 1974

allein durch ihr massenhaftes Auftreten. Sie werden viel grundlegender, als Benjamin dies für die Lithographie in Anspruch genommen hat, zum Bestandteil des alltäglichen Lebens. Je stärker sie im Alltag Platz greifen, je maßgeblicher sie sich vor die Wirklichkeit stellen, um so unmöglicher wird es, sie distanziert zu erfassen. Die fotografischen Bilder werden zu Vorbildern. Sie bestimmen die Wirklichkeit und werden nicht länger von ihr bestimmt.[127] Der Filmstar als Produkt der Unwirklichkeit wird über die massenhafte Verbreitung der Fotografie zum Vorbild für die Wirklichkeit. Die Wirklichkeit wird an ihren fotografischen Abbildern gemessen, nicht mehr das Abbild an der Wirklichkeit, die es hervorgebracht hat. »Früher hatte es *Bilder in der Welt* gegeben, heute gibt es *›die Welt im Bild‹,* richtiger: die Welt *als* Bild, als Bilderwand, die den Blick pausenlos fängt, pausenlos besetzt, die Welt pausenlos abdeckt. Es liegt auf der Hand, daß, wenn die Zahl der (uns nicht nur präsentierten, sondern uns aufgezwungenen) Bilder so ungeheuer anschwillt, diese Quantität in eine Qualität umschlägt. Das bedeutet nicht notwendigerweise, daß die Bilder schlechter geworden seien als früher oder schlechter würden, sondern daß jedes Bild, wenn es nur eines unter Millionen ist, eine von der früheren Bildfunktion verschiedene Funktion annimmt.«[128]

Die Kamera: vom Blick zum Abbild

Die bisher beschriebenen technischen Komponenten des fotografischen Prozesses bewirken mehrere Verwandlungen von der Wirklichkeit zu der sie abbildenden Fotografie: Auf dem belichteten Filmnegativ werden drei Dimensionen auf zwei reduziert. Die räumliche Tiefe wird als optische Täuschung durch den perspektivischen Aufbau der Bilder erzeugt. Bei dem Blick durch den Sucher betrachtet der Fotograf seine spätere Fotografie, ihren Aufbau und ihren Ausschnitt. Als Sucher-Bild ist die Wirklichkeit hier bereits verkleinert, während die Zeit lediglich als verräumlichte Zeit und nicht mehr als Zeitablauf in diesem Bild verbleibt. Mit der Brechung im Objektiv verwandelt sich Wirklichkeit in ein oberflächengenaues Abbild dieser Wirklichkeit. Die Genauigkeit der Reproduktion täuscht den Betrachter über den Abbildcharakter des Bildes hinweg, Wirklichkeit wird zum Phantom. Diese qualitative Veränderung geht mit einer quantitativen zusammen: Mit der Papierkopie wird dem Einmaligen, das auf dem Negativ festgehalten ist, seine Einmaligkeit genommen. Die Einmaligkeit der Wirklichkeit wird durch das Foto vervielfältigt.

Die Fotografie verwandelt die Wirklichkeit mit ihren vielschichtigen Brechungen. Dieser Verwandlungsprozeß ist durch die Technik determiniert. Im fotografischen Prozeß wird diese Technik aber subjektiv eingesetzt. Zu untersuchen wäre also, inwieweit sich der subjektive Gehalt in den Abbildern der Wirklichkeit niederschlägt. Jede Fotografie demonstriert anscheinend eine Absicht, ein Anliegen ihres Produzenten. Es müßte also in einer zweiten Analyse, die sich nicht mehr so eng an der Kamera als einem nur technischen Gerät orientiert, die Kamera als der zentrale Ort untersucht werden, an dem der subjektive Blick des Fotografen gebrochen wird.

Blickwinkel und Bildausschnitt

Wie der Mensch in ein zeitliches Kontinuum eingebunden ist, so bewegt er sich auch in einem räumlichen Kontinuum. Die Elemente des Raums greifen ineinander und stehen in Beziehung zueinander. Indem der Fotograf Teile aus ihnen herausgreift, diese von ihrem Umfeld befreit, verfährt er ähnlich wie bei der Zeit, aus der er Segmente herausgreift, um diesen Bedeutung zu verleihen. Aus dem Raum überträgt der Fotograf die Gegenstände, die ihm wichtig erscheinen, in die Fotografie. Ihre Anordnung im Bild läßt Rückschlüsse darüber zu, welche Rang er einzelnen Dingen zuordnet und welche Absichten er verfolgt. Der zentrale Platz im Bild ist dem Gegenstand vorbehalten, der im Mittelpunkt des Interesses steht.

Diese Funktion, Ausschnitte der Realität abzubilden, erscheint alltäglich und jedem vertraut. Indem der Fotograf aber Ausschnitte aus der Wirklichkeit nimmt, seinen und den Blick des Rezipienten einengt, kanalisiert er nicht nur den Blick des Betrachters in seinen eigenen, er isoliert seinen Blick und damit seine (Seh-)Erfahrung auch von ihrem Umfeld. Rodschenkos Blick von den Balkonen, seine steilen Aufsichten zu den Industrieschloten sagen uns nichts mehr, wenn wir nicht gleichzeitig etwas über den Fortschrittsglauben erfahren, den er und seine Zeitgenossen in die neuen Möglichkeiten der Technik und Industrie setzten. Sie sind nicht mehr als Metaphern einer neuen Welt mit neuen Seherfahrungen zu verstehen. Ähnlich wie die festgehaltene Zeit ist der festgehaltene Blick ohne seinen realen Kontext bedeutungsleer. Die Fotografie betreibt durch die Fixierung einzelner Blicke die Auflösung der Zusammenhänge. In der Bilderflut erzeugen sie ein neues Nebeneinander. So ist z. B. bei den Illustrierten die »Mischung« der Bilder und Beiträge ein wichtiger Faktor. Gemischt wird zu einem Bilderkonglomerat, das unterhaltsam ist und in dem sich die unterschiedlichsten Bereiche des gesellschaftlichen Lebens, obwohl sie nichts miteinander zu tun haben, zu einer Einheit, der Illustrierten, ergänzen. Die Bilder haben ihren Kontext verloren, der neue, in dem sie stehen, ist unwirklich: »In den Illustrierten sieht das Publikum die Welt, an deren Wahrnehmung es die Illustrierten hindern. Das räumliche Kontinuum aus der Perspektive der Kamera überzieht die Raumerscheinung des erkannten Gegenstands, die Ähnlichkeit mit ihm verwischt die Konturen seiner ›Geschichte‹ ... Ihr Nebeneinander (das des ›bunten Arrangements der Bilder‹) schließt systematisch den Zusammenhang aus, der dem Bewußtsein sich eröffnet.«[129] Die Segmentierung, die die Fotografie vornimmt, ist zu radikal, als daß sich aus ihr die Wirklichkeit rekonstruieren ließe, geschweige denn das Verhältnis des Fotografen zu dieser Wirklichkeit.

Der Zeitmechanismus

Die Zeit erscheint in den Fotografien als eingefrorene Zeit. Sie steht still, ist derart abrupt zum Stillstand gebracht worden, daß die Diskrepanz zwischen menschlicher und technischer Wahrnehmungsfähigkeit deutlich wird. Die Schnelligkeit der technischen Wahrnehmung ist der eigentliche Grund für ihre ».. . ausgesprochene Affinität zur ungestellten Realität. Aufnahmen, die uns ihrem Wesen nach unmittelbar fotografisch anmuten, scheinen der Absicht zu entspringen, Natur im Rohzustand wiederzugeben, so wie sie unabhängig von uns existiert. Nun ist Natur besonders dort unserem Zugriff entzogen, wo sie sich in flüchtigen, rasch wechselnden Erscheinungen zu erkennen gibt, die nur die Kamera zu bannen vermag.«[130] Dies impliziert, daß die Kamera anders als ihr Benutzer die äußere Wirklichkeit komplexer und gleichzeitig genauer wiedergibt. Muybridge war der erste Fotograf, der sich mit seinem Medium intensiv dem Problem der Zeit und Zeitvermittlung widmete.[131] Mit seinem Versuch, in Bildsequenzen Bewegungsstudien durchzuführen, bemühte sich Muybridge, einen gravierenden Nachteil der Fotografie auszuschalten, nämlich ihren Stillstand. Die Fotografie entsprang zunächst dem Wunsch, Wirklichkeit täuschend echt zu reproduzieren. Äußerlich, so glaubten die Zeitgenossen, war ihr dieses vollständig gelungen. In ihrer äußerlichen Genauigkeit blieb sie aber trotzdem unzulänglich, indem Fotografie die Zeit quasi eliminiert.

Zeit an sich ist Fortgang, Bewegung. Die Fotografie wird bestimmt durch ihren Stillstand, sie ist unfähig, die Bewegung der Zeit adäquat umzusetzen. In Muybridges Bewegungsstudien wird erstmals deutlich, daß die Fotografie im Bestreben des Menschen, die Wirklichkeit zu imitieren, nur eine Zwischenstufe sein kann, deren Perfektion erst mit der Einführung der bewegten Bilder vollzogen wird. Sein fotografisches Schaffen ist aber gleichzeitig ein geglückter Versuch, die (später von Kracauer beschriebene) Affinität der Fotografie zur ungestellten Realität auszunutzen. Der Stillstand der Bilder, das Anhalten der Zeit fördern den analytischen Charakter der Rezeption. Talbot demonstrierte diese Fähigkeit im Umgang mit Fotos bereits an den ersten von ihm erstellten Bildern, denen er genaue Beschreibungen beifügte: »Am Straßenrand erblickt man eine Reihe von wartenden Droschken und Cabriolets, und ganz in der Ferne sieht man rechts eine Kutsche. Ein ganzer Wald von Schornsteinen erhebt sich vor dem Horizont: denn das Instrument registriert, was auch immer es sieht, und sicher würde es einen Kamin oder Kaminfeger mit der gleichen Unparteilichkeit wie den Apoll von Belvedere aufzeichnen.«[132] Geschwindigkeit und Genauigkeit des fotografischen Prozesses zwingen den Betrachter zur nachträglichen Aneignung aller im Bild enthaltenen optischen Informationen. Im Fixieren eines Moments, einer Konstellation von Dingen nimmt das fotografische Bild eine Fülle von Zeitindizien auf; die im Bild festgehaltene Situation oder Person unterliegt mit wachsendem Abstand von Bildproduktion und -rezeption aber erheblichen Veränderungen.

Kracauer verweist auf einen weiteren Aspekt der Zeit als geschichtliche Zeit in der Fotografie. Er vergleicht Fotografien mit Gedächtnisbildern.[133] Anders als Fotos sind die Gedächtnisbilder lückenhaft und weder zeitlich noch räumlich kontinuierlich. Sie umfassen das Wesentliche, die »Geschichte« (zum Beispiel) einer fotografierten Person. Die Fotografie vermag das Wesentliche nicht vom Unwesentlichen zu trennen, beides steht gleichwertig nebeneinander. Wesentliches und Unwesentliches voneinander zu trennen, ist nur möglich, wenn der Betrachter einen unmittelbaren Zugang zum Dargestellten hat, wenn er es mit seinen eigenen Erfahrungen vergleichend bewerten kann. Eine solche Bewertung fällt um so schwerer, je größer der zeitliche Abstand zum Moment der Aufnahme wird, bzw. je mehr die persönliche Erfahrung, die Bilder erst rezipierbar macht, aus den Bildern schwindet. Früher konnte der Bildbetrachter nur das einordnen und verstehen, was seinem persönlichen Erfahrungshorizont entsprang. Mit der Bilderflut ist dies entfallen. Fotos werden nicht mehr an Erfahrungen oder Überlieferungen gemessen, sondern an anderen Bildern. Heute kann jeder ein umfassendes Bild von Afrika haben, ohne jemals dort gewesen zu sein. Neue Bilder des Kontinents mißt und bewertet man im visuellen Zeitalter nicht an persönlich Erlebtem, sondern an dem persönlich - auf Bildern - Gesehenen.

»Sah so die Großmutter aus? Die Fotografie, über 60 Jahre alt und schon eine Fotografie in modernem Sinn, zeigt sie als junges Mädchen von 24. Da Fotografien ähnlich sind, muß auch diese ähnlich gewesen sein. Sie ist in dem Atelier eines Hoffotografen mit Bedacht angefertigt worden. Aber fehlte die mündliche Tradition, aus dem Bild ließe sich die Großmutter nicht rekonstruieren ... Durch die Ornamentik des Kostüms hindurch, aus dem die Großmutter verschwunden ist, meinen sie (die Enkel) einen Augenblick der verflossenen Zeit zu erblicken, der Zeit, die ohne Wiederkehr abläuft. Zwar ist die Zeit nicht mitfotografiert wie das Lächeln oder die Chignons, aber die Fotografie selber, so dünkt ihnen, ist eine Darstellung der Zeit.«[134]

In dieser Beschreibung Kracauers verbirgt sich ein maßgeblicher Widerspruch. Fotografien sind in ihrer Darstellung der äußeren Wirklichkeit sehr präzise. Ihre Genauigkeit hat ein Maß erreicht, von dem die künstlerischen Zeitgenossen des 19. Jahrhunderts, die auf Pinsel und Leinwand angewiesen waren, noch geträumt haben. Trotz der Präzision kommt die Fotografie der dargestellten Person aber nicht näher, das Gegenteil scheint einzutreten. Fotos sind ungeordnet angefüllt mit optischen Informationen, sie schöpfen aus der Fülle. Ihr technischer Herstellungsprozeß entzieht sie weitgehend dem menschlichen Zugriff, was anscheinend eine Wertneutralität garantiert. Trotz ihrer Genauigkeit und trotz ihrer scheinbaren Wertneutralität vermag die Fotografie, wie Kracauer beschreibt, das Bild eines Menschen nicht zu konservieren. Das

Gedächtnisbild dagegen ist sprunghaft, lückenhaft und selektiv. Es ist nicht technisch determiniert, sondern von persönlichen Erlebnissen bestimmt. Und obwohl es lückenhaft ist, obwohl es wertet, obwohl es von subjektiven Eindrücken bestimmt ist, scheint es in seiner Sprunghaftigkeit präziser als das fotografische Bild zu sein. Genuin ist das Gedächtnisbild die zuverlässigere Reproduktionstechnik, obwohl es ungenauer ist als jede Fotografie.

Die Oberflächenrealität der Fotografie konserviert Details, deren Bedeutungsgehalt mit Rückgang der mündlichen Ergänzung oder der persönlichen Erfahrung ständig abnimmt. Mit dem Verhaftetsein an der Oberfläche vermittelt sich Zeit lediglich über Zeitindizien in den Bildern, deren Andersartigkeit in der unwissenden Rezeption zur Exotik wird. In der Fotografie wird das fotografierte Individuum auf seine äußere Erscheinung reduziert. Informationen sind lediglich dieser Äußerlichkeit zu entnehmen, die aber in der Fotografie, wie Benjamin schreibt, ohne jeden Kontext dasteht. Die Fotografie verdrängt das Individuum, macht es unscheinbar, unpersönlich. Die Bedeutung einer Person, ist sie erst einmal fotografiert, nimmt ständig ab. Um die Verdrängung des Individuums wieder aufzufangen, wird der Betrachter gefordert. Er muß um so mehr von seinen Erfahrungen und Erlebnissen einbringen, damit die auf die Äußerlichkeit reduzierte Person wieder zu dem Bild einer Person werden kann. Andererseits verliert das Gedächtnisbild genau jene Details, die in der Fotografie unauslöschlich konserviert sind. Der Abnahme von Individualität in der Fotografie steht ein erhöhtes individuelles Engagement des Rezipienten entgegen. Fotografien fixieren Zeit und Raum, ohne sie tatsächlich konservieren zu können.

Fotografie zwischen objektiver Abbildungstechnik und subjektivem Ausdrucksmittel

Die fotografische Technik scheint – nach den bisherigen Analysen – die Subjektivität des Fotografen aus den Bildern zu verdrängen. »Daher besitzen wir in dem fotografischen Apparat das verläßlichste Hilfsmittel zu Anfängen eines objektiven Sehens. Ein jeder wird genötigt sein, das Optisch-Wahre, das aus sich selbst Deutbare, Objektive zu sehen, bevor er überhaupt zu einer möglichen subjektiven Stellungnahme kommen

27 Timm Rautert: Bildanalytische Fotografie. Vier Fotografien. 1973

kann.«[135] Wenn dem wirklich so wäre, wenn uns Fotografien eine Enzyklopädie des Optischen vorführen würden, wertfrei und ungebunden, wie Moholy-Nagy es 1925 festzustellen glaubte, wenn der ganze fotografische Prozeß von Verdrängung des Subjekts lebt, wie es sich in den bisherigen Untersuchungen abgezeichnet hat, dann müßte das Medium tatsächlich zum künstlerischen Einsatz unbrauchbar sein. Künstlerisches Schaffen lebt von der Subjektivität, die die Fotografie offensichtlich verbannt. Der Gestaltungswille allein, die Wahl des Zeitpunktes, des Aufnahmeortes oder des Blickwinkels, sie reichen offensichtlich noch nicht aus, um subjektive, künstlerische Autonomie zu gewährleisten. Tatsächlich scheint es so zu sein, daß das Medium selbst bzw. seine einzelnen Produkte nicht mehr auf ihre Autoren verweisen können.

Wie ist es aber dann trotzdem möglich, daß einzelne Bilder als die eines bestimmten Fotografen erkannt werden, daß die Portraits von Diane Arbus, die Bäume von Renger-Patzsch, die Bildreportagen von Lewis Hine, die Paris-Fotos von Atget nur diesen Fotografen zugeordnet werden können? Daß aus ihnen die Subjektivität eines Künstlers spricht, der von der Technik offensichtlich zur Randfigur degradiert wurde? Wie kann es weiterhin möglich sein, daß bestimmte Bilder ihre Betrachter »ansprechen«, »berühren« können?

Dem sprachlichen Duktus eines Schriftstellers scheint in der Fotografie kein Äquivalent gegenüberzustehen. Die Bilder sprechen keine Sprache, trotzdem kann man einen Vergleich zwischen Bildmedium und Sprache ziehen. Fotos sind sehr wohl ein Ausdrucksmittel, aber kein eindeutiges Verständigungsmittel. Ist die Struktur der Sprache auf Verständigung, Kommunikation angelegt, besitzt das Bild eine andersartige

Kommunikationsstruktur. Im Gegensatz zur Sprache scheint der Fotografie die Syntax zu fehlen. Ist es im Sprachgebrauch durchaus möglich, eine Eindeutigkeit zu erzielen, erscheinen Fotografien zugleich hermetisch und uneindeutig. Ihre Ausschnitthaftigkeit und ihre Oberflächenrealität addieren Details, ohne die Bezüge zwischen diesen zu erklären. Diese Indifferenz des fotografischen Bildes ist eines der wesentlichsten Charakteristika der Fotografie. Die Uneindeutigkeit kann nur schwer im Einzelbild aufgehoben werden. Hier gewinnt der Kontext, das textliche und visuelle Umfeld der Fotografie an Bedeutung. Erst in der Kommentierung durch andere Bilder oder Texte, durch die Zuordnung von Text und Bild, kann das Anliegen des Fotografen vom Rezipienten eindeutig erkannt werden. Atgets Fotografien der leeren Straßen von Paris sind ein Beispiel für mißverständliche Rezeption. Atget schuf sie in dem Wunsch, das von Sanierung bedrohte romantische Paris mit Hilfe der Fotografie zu konservieren. Alle surrealistischen Interpretationen, Benjamins Beschreibung der Bilder als die von Tatorten, machen aus dem Dokumentaristen Atget ein künstlerisches Genie, dessen tatsächliche Intentionen subjektiv umgedeutet werden. Bilder selbst sagen noch nichts über den Anlaß, der sie entstehen ließ. Diane Arbus' Fotografien der New Yorker Subkultur entstammen einem Interesse an den gesellschaftlichen Randbereichen, über dessen Ursachen sich noch heute die Rezipienten ihrer Bilder streiten. Fotografien verdeutlichen vornehmlich Interessen, sie sind aber nicht in der Lage, diese Interessen aus sich heraus zu begründen.

Die Zuordnung von Bildern zu bestimmten Fotografen scheint demnach auch nicht durch eine individuelle Bildsprache, Bildgestaltung zu geschehen, sondern durch die Affinität zu einem bestimmten Interesse an Themen, einer Absicht, die im Kontext anderer Bilder erkennbar wird. Indem der Fotograf ein spezifisches Interesse zeigt, macht er es möglich, seine Bilder seiner Person zuzuordnen. In der Fotografie gibt es keine individuelle Handschrift wie in der Malcrci. In der Fotografie gibt es aber ein individuelles Interesse an Themen, an Situationen, an Dingen, durch das sich die Person hinter der Kamera erkennen läßt.

Das Berührtsein, die Ansprache, die der Rezipient aus einigen Bildern zu erfahren glaubt, folgt aus der Gleichartigkeit des Interesses von Fotograf und Betrachter. Der »schwarze Blick« von Diane Arbus betrifft so viele Betrachter, weil sie ihre eigene Bestürzung über eine aus den Fugen geratene Gesellschaft wiederzuerkennen glauben, oder weil sie einen hemmungslosen Voyeurismus pflegen können, vor dessen Konsequenz sie im Alltag zurückschrecken würden, zu dem ihnen der Mut, nicht das Interesse fehlt. Der Betrachter verharrt vor bestimmten Bildern, weil er in ihnen sein Interesse manifestiert sieht.

Einzelbild und Bildkontext

Nicht die medienimmanenten Kriterien, wie die Wahl des Aufnahmeortes, des Aufnahmemomentes oder eines bestimmten Blickwinkels gewährleisten einen subjektiven Gehalt der Fotografie. Wichtiger als der Akt des Fotografierens ist hier der der Verwertung des fotografierten Bildmaterials. Wenn sich Einzelbilder nicht zu einem Œuvre, zu einem zusammenhängenden Werk verdichten, das die Intentionen des Fotografen erkennen läßt, bleibt die Person des Fotografen so undeutlich wie die der Fotografierten. Fotos sind vom Makel der Indifferenz nicht zu befreien. Der Künstler Herbert Bardenheuer hat sich von unterschiedlichen Fotografen in den unterschiedlichsten Situationen fotografieren lassen.[136] So macht die Fotografie auf einem Polizeifoto aus ihm einen Ganoven, der Fotograf an der Ecke stilisiert ihn zum freundlichen Zeitgenossen von nebenan, das Bewerbungsfoto »macht das Beste aus seinem Typ«, das Freundschaftsbild polt ihn zum verwegenen Draufgänger um, während das Familienfoto ihn lediglich als biederen Hausmann zeigt. In der Fotografie sind die Fotografierten der Willkür des Mediums ausgeliefert. »Unter der Fotografie eines Menschen ist seine Geschichte wie

28 Timm Rautert: Bildanalytische Fotografie. Am 12. 9. 74 starben 67 Menschen. 1974

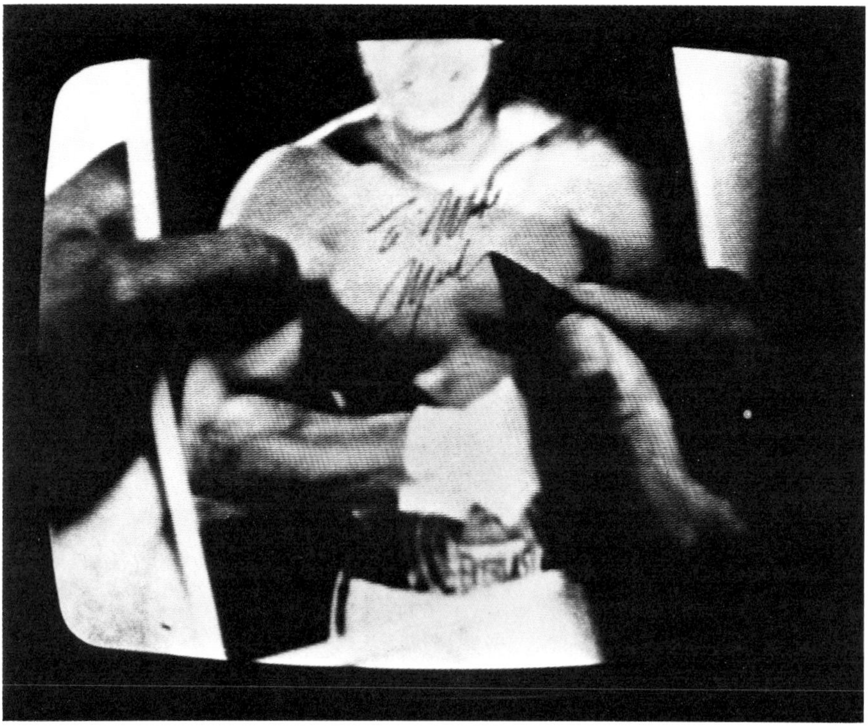

29 Timm Rautert: Bildanalytische Fotografie. Muhammad Ali. 1973

unter einer Schneedecke vergraben«, behauptet Siegfried Kracauer.[137] Ausdehnen müßte man diese Behauptung aber auch auf die Person des Fotografen. Die einzelnen Bilder sind so indifferent, daß es dem Betrachter schwerfällt, wenn nicht unmöglich wird, die Person des Produzenten und dessen Intentionen aus ihnen zu erkennen. Kleinste Veränderungen im Kontext der Fotografien lassen sie ihren Gehalt verändern.

Der russische Regisseur Lew Kuleschow hat dies in einer Versuchsreihe thematisiert. »1923 nimmt Kuleschow aus einem alten Film von Geo Bauer eine Großaufnahme des Schauspielers Iwan Mosschuchin, eine Aufnahme mit bewußt ausdruckslosem Blick. Drei Abzüge dieser Aufnahme konfrontiert er mit der Aufnahme eines Tellers Suppe, der Aufnahme eines toten Mannes, der Aufnahme einer entblößten Frau. Die Zuschauer, denen Kuleschow diese Montagereihe vorführt, glauben bei Mosschuchin jeweils Ausdrücke des Hungers, der Angst, der Begierde feststellen zu können.«[138] Hans Richter und Werner Gräff haben diesen

Versuch später rekonstruiert und in ihrem Buch »Filmgegner von heute – Filmfreunde von morgen« verwertet.

Die wichtigsten Mittel des Fotografen, sich in den fotografischen Prozeß einzubringen, nämlich einen bestimmten Ort und einen bestimmten Zeitpunkt aus einem bestimmten Blickwinkel heraus aus dem Kontinuum von Raum und Zeit mittels der Fotografie herauszugreifen und somit bedeutungsvoll zu machen, erweisen sich gleichzeitig als unzulänglich. Bilder dokumentieren zwar die subjektiv empfundene Wichtigkeit einzelner Momente, sie können diese aber nicht begründen. Die scheinbare Nachdenklichkeit des Schauspielers wird erst definiert durch weitere Bilder. Die Segmentierung, die die Fotografie vornimmt, ist zu radikal, die Loslösung aus dem realen Kontext zu konsequent, um sie vor der Gefahr der Beliebigkeit zu bewahren. Das nachhaltigste Gestaltungsmoment des Fotografen scheint also weder im eigentlichen Akt des Fotografierens noch im Bildprodukt als Einzelbild zu liegen, sondern vielmehr in der Konstruktion der Bilder zu Aussagen, in denen die Person des Fotografen erkennbar wird. Gerade die wird in dem arbeitsteiligen Prozeß der Bildverwertung in den modernen Massenmedien aber nicht mehr von den Produzenten der Bilder selbst hergestellt, sondern von Layoutern, Bildredakteuren, Graphikern. Kuleschows Experiment müßte zu einer Neubestimmung des Fotografenselbstverständnisses führen. Was wichtiger wäre: Es müßte die Rezipienten zu einem distanzierteren Umgang mit den Bildern der Massenmedien auffordern.

IV Die Fotografie im Kontext der Kulturindustrie

Illusion und Wirklichkeit in den Frühmedien

Die Geschichte der Medien ist von Brüchen und Anachronismen durchzogen. Trotzdem läßt sich in ihrer neueren Entwicklung so etwas wie ein roter Faden finden, den die Produzenten und Betreiber dieser Medien vom 19. zum 20. Jahrhundert gelegt haben. Alle Massenmedien, ob vorindustrielle oder industrielle, verbindet vor allem ihr Hang zur Perfektionierung der Illusion. Die Bilder vereinnahmen ihre Betrachter, machen sie, wie beim Panorama, zum Teil ihrer Inszenierung. Die Illusion ist perfekt, wenn der Betrachter nicht mehr zwischen gesehenem Bild und erlebter Wirklichkeit zu trennen weiß. Bruchstellen in dieser Medienentwicklung treten immer da auf, wo fortschrittlichere Techniken eingesetzt werden, um die Unzulänglichkeiten alter Medien in ihrer illusionistischen Wirkung zu beheben. Der kleine Guckkasten wird vom monumentalen Panorama abgelöst, das zweidimensionale Panoramabild vom dreidimensionalen Diorama, das handwerklich gefertigte Diorama vom naturalistisch perfekten und maschinell hergestellten Foto. Das stehende Bild der Fotografie wird vom bewegten Bild des Kinos abgelöst, und das Kino als starrer Rezeptionsort wird vom elektronischen Mattscheibenbild in unseren Wohnstuben ersetzt, das die Bilderwelt in unserem Alltag allgegenwärtig werden läßt. Die bewußte Rezeption ist hier endgültig aufgehoben, weil sich die Bilder emanzipiert haben und nicht Gegenpart, sondern Bestandteil der Wirklichkeit geworden sind.

Anachronismen lassen sich immer dort feststellen, wo das technisch fortschrittlichere Medium dem überaltert handwerklichen in seiner illusionistischen Wirkung unterliegt. Zum Beispiel scheint die Fotografie mit ihren statischen, perspektivisch aufgebauten Bildern dem Panorama und Diorama medial deutlich unterlegen zu sein. Diese vermögen nämlich im Umgang mit Licht, mit den unbegrenzten (Augen-)Schwenks schon vieles von der viel komplexeren Wahrnehmung des Kinos vorwegzunehmen. Das Beispiel verweist auf ein grundsätzliches Problem der Medienpioniere des 19. Jahrhunderts: Gemessen an der alltäglichen Wahrnehmung der Welt waren nämlich alle Versuche, sich diese medial anzueignen, bis ins 20. Jahrhundert hinein mangelhaft. Es zeigte sich, daß nicht die Medien, sondern die Industrialisierung die Wahrnehmung der Menschen revolutioniert hatte, während die Illusionstechniken mit dieser fortgeschrittenen Wahrnehmung nicht mithalten konnten und im Vorindustriellen verhaftet blieben. Wer den Bilderrausch, die Reizüberflutung beim Blick aus dem Eisenbahnabteil erlebt hatte, für den mußte das stehende Bild der Fotografie weit hinter diesem nachhaltigen Medienerlebnis zurückbleiben.

In der Entwicklungsgeschichte der Medien treffen zwei gegenläufige Tendenzen aufeinander. Zum einen versuchen die Medien sich der *Wirklichkeit* anzunähern, zum anderen suchen sie diese Wirklichkeit in der *Illusion* von ihr – sie entfernen sich also von der Wirklichkeit. Realitätsferne und -nähe kulminieren in einem Punkt. So besaßen die Kirchen mit ihren Fenstern die zu jener Zeit fortschrittlichsten Vermittlungsformen. Doch deren Sujet war unwirklich und im fiktiven Raum angesiedelt, der keine Berührung zur Realität der Rezipienten besaß. Die Tiere der Menagerien waren dagegen tatsächlich von dieser Welt, sie lebten und verbreiteten die Aura einer fremden Wirklichkeit, die zu erfahren man bestrebt war. Die mediale Rückständigkeit dieser Schaustellung zeigte sich allerdings in der mangelnden illusionistischen Wirkung der Vorführung. Die Illusion der Fremde zerbrach an dem wirklichen Alltag, aus dem sich beide, Tier und Rezipient, nicht befreien konnten. Was diesen Schaustellungen vor allem fehlte, war die Inszenierung, ein Umfeld, das die fremden Tiere als Teil der Fremde und nicht als Bestandteil der eigenen Alltäglichkeit vorführte. Man war der Fremde, die man erfahren wollte, zwar nähergekommen, von der perfekten Illusion hatte man sich gleichzeitig aber wieder entfernt.

Dies änderte sich erst mit dem Panorama. Hier trafen Wirklichkeit und Illusion derart zusammen, daß es schwer wurde, zwischen beiden zu differenzieren. Das Medium hatte eine Perfektion erreicht, die es als Surrogat nicht länger abwertete. Die Nilfahrt im Panorama wurde zum gültigen Ersatz, ebenso wie das Alpenpanorama die Reise in die Berge überflüssig machte. Die Bereitschaft der Rezipienten, ja ihre Erwartung, die Vermittlung als Wirklichkeit zu akzeptieren, lebt, wie sich noch zeigen wird, bis heute ungebrochen fort.

Die Entwicklungslinie von den Kirchenfenstern über die Menagerie hin zum Panorama und zum Diorama scheint also logisch stringent zu sein in ihrer Tendenz, Wirklichkeit und Illusion zur Deckung zu bringen. Wie konnte es dann aber zur Erfindung und zum Erfolg der Fotografie kommen, wenn diese medial hinter anderen Erfahrungsräumen zurückstand? Technisch war das Panorama gegenüber der Fotografie ein Anachronismus, in seiner illusionistischen Wirkung war es dem kleinen, zweidimensionalen Foto allerdings überlegen. Die Tendenz der Frühmedien, die Wirklichkeit in perfekte Illusion umzusetzen, beschreibt tatsächlich nur die ästhetische Dimension dieser Entwicklung. Die andere ist eine politische und soziale. Alle Frühmedien bemühten sich nämlich, gleichzeitig Medien für die Massen zu sein, indem sie deren Bedürfnissen entsprachen - nicht nur ästhetisch. So setzte die Fotografie beim wesentlichsten Nachteil des Panoramas an: Das Panorama war mit seinen gemalten Bildern immer einmalig und vor allem nicht mobil. Die Fotografie dagegen kann unbegrenzt reproduziert werden, sie kommt nicht nur zu ihren Rezipienten, sie kann durch ihre Massenhaftigkeit quasi allgegenwärtig werden. Die Fotografie scheint das demokratische Medium an sich zu sein: Es hob das Privileg des Bildbesitzes endgültig auf. Hinzu kam, daß die Massenhaftigkeit der Bilder und damit der visuellen Eindrücke exakt den gesellschaftlichen Ansprüchen an ein neues technisches Medium entsprach.

Die Industrialisierung der Welt und der Wahrnehmung ging in einem derartig rasanten Tempo vonstatten, daß die Wirklichkeit ihr mediales Spiegelbild in ein Zerrbild verwandelte. Wessen Leben durch Maschinisierung und Fabrikarbeit verändert worden war, dessen Aufmerksamkeit vermochte das Panorama mit all seinen perfektionistischen Bestrebungen keineswegs mehr zu fesseln. Die Illusion der Medien bedient sich immer des *Effekts*. Solange dieser aber handwerklich fabriziert war, blieb er immer mangelhaft, leicht zu durchschauen und weit hinter dem zurück, was er zu erreichen vorgab. Noch gravierender aber erschien der Nachteil, daß die handwerkliche Fertigung langsam und relativ unflexibel war. Angesichts der perfekten und quantitativ schier unbegrenzten Reizüberflutung im Eisenbahnabteil unterlagen die Medien bzw. ihre Effekte nun dem Phänomen des schnellen Verschleißes. Weder die Qualität noch die Quantität und damit die Geschwindigkeit, mit der die Reize ständig erneuert wurden, konnten von den handwerklich gefertigten Medien auf den Stand der Zeit gebracht werden. Die Effekte verschlissen um so schneller, je größer die Beschleunigung der Wahrnehmung durch die Industrialisierung war. Was zuvor ein herausragendes Erlebnis war, ging jetzt über in Konsum.

Dazu war es zunächst erforderlich, daß das Medium das letzte säkularisierte Überbleibsel seiner religiösen Herkunft, den Gestus der Belehrung, endgültig ablegte. Erst wenn auf die Belehrung verzichtet wird, wenn die beiden Pole bürgerlicher Bildkultur, die Unterhaltung und die Belehrung, auseinanderfallen, können Bilderbetrachtung und Bilderkonsum ineinander übergehen. Um in den Bereich des Konsums eintauchen zu können, mußte die Bildherstellung aber eine völlig neue Quantität erreichen, eine, die dem Ausmaß der technisierten Wahrnehmung gerecht wurde. Und dies ist der Punkt, an dem das neue Medium Fotografie, trotz all seiner Nachteile, mit der allgemeinen Wahrnehmung gleichziehen konnte. Es ging nicht mehr vorrangig um die Komplexität der medial vermittelten Wirklichkeit, sondern um die Quantität einzelner Wirklichkeitsversatzstücke. Die Wirklichkeit war in der industrialisierten Welt nicht mehr überschaubar ordnend wahrzunehmen, sie vermittelte sich lediglich in einer Vielzahl diffuser Eindrücke. Die Fotografie ist das Medium der Technisierung, nicht nur, weil die Bildproduktion hier technisiert ist, sondern vor allem, weil sich die zusammenhanglose Bilderflut der Industrialisierung der zusammenhanglos gewordenen Welt angepaßt hatte.

War das Panorama des 19. Jahrhunderts noch ein Rundbau, der eine in sich geschlossene Bildpräsentation ermöglichte und somit nicht nur ein vollständiges Bild, sondern auch ein nahezu intaktes Weltbild vermittelte, änderte sich dies mit der Fotografie. Die Industrialisierung hat nicht nur die persönlichen Erfahrungsräume erweitert, sie hat auch die Welt, die nicht zuletzt Arbeitswelt war, zunehmend kompliziert. Widersprüche brachen auf, denen die Panorama-Malerei mit ihrem geschlossenen Weltbild nicht mehr gerecht werden konnte. Die Idee der überschaubaren Welt, die sich in den handwerklich gefertigten Frühmedien noch ablesen ließ, zerbrach an der Realität. Die Fotografie löst das geschlossene Weltbild auf, sie verzichtet auf jede übergeordnete Idee, wird zum bloßen Mosaikstein, zum Versatzstück, das sich beliebig und immer wieder aufs Neue zusammensetzen läßt. Die Perfektionierung der Illusion, auf die die Medien hinzielten, gelingt erstmals mit der Fotografie, weil sie als erstes Massenmedium das Weltbild nicht mehr außerhalb der Köpfe in realen Bildern zu rekonstruieren versucht, sondern es immer wieder neu *in* die Köpfe der Rezipienten projiziert. Die Perfektionierung der Illusion, die alle Frühmedien anstrebten, war tatsächlich ein Bestreben nach Aufhebung des Charakters der Medien als Medien. Indem die Medien unsichtbar werden, nicht mehr als Vermittlungsinstanzen in Erscheinung treten, werden sie zum Leben selbst. Die Täuschung, die die Illusion versucht, ist nicht mehr nur eine des Auges, sondern vielmehr eine des Bewußtseins. Durch die Vermittlung von Bildern schärfen wir unsere Urteilskraft ohne Kenntnis der Realitäten. Die Bilder sind zum glaubwürdigen Realitätsersatz geworden, ohne daß ihr Ersatzcharakter als Mangel bewußt würde. »Pretty as a picture!«, bemerken die Amerikaner staunend angesichts der Schönheiten der Natur und offenbaren so die Relation von Wirklichkeit und Illusion, von Vorbild und Surrogat. Der Effekt, auf dem die Frühmedien noch beruhten, und der ob seiner anachronistischen Fertigungsweise schnellem Verschleiß unterlag, hebt sich hier auf. Der Naturalismus der Fotografie ebnet den Weg ins Bewußtsein, die starke Ausschnitthaftigkeit erleichtert den Entwurf eines eigenen Welt-Bildes vor dem geistigen Auge, das keiner Täuschung über Effekte mehr bedarf.

»Medium«, dies bedeutet in seinem ursprünglichen Gehalt, gleichzeitig Mittel und Mittler zu sein. In den Gemälden des 19. Jahrhunderts war dieser Wesenszug noch erkennbar. Mittel und Vermittlung kulminierten noch im einzelnen Kunstwerk, das seine Informationen an den Betrachter übermittelte. Tendenziell geschieht dies auch bei der einzelnen Fotografie. Sobald sie aber massenhaft auftritt, zielt sie nicht mehr auf eine bewußte Rezeption von Einzelbildern ab, sondern auf eine unscharfe Wahrnehmung, in der die Erfahrung des Betrachters zum ungenauen Eindruck wird, der sich um so besser vor dem geistigen Auge zu einem *imaginären Weltbild* verarbeiten läßt. Das Mittel Fotografie ist sehr wohl noch existent und als solches zu erkennen, seine Vermittlung allerdings ist diffus, nicht auf direkte Informationsübertragung ausgerichtet, sondern auf indirekte Projektion komplexer Bilder im Kopf des Betrachters. Gegenstandslos wird diese diffuse Vermittlung erst mit dem Fernsehen, den laufenden Bildern, die sich in jeder Beziehung unserem Zugriff entziehen und immateriell werden. Aber auch diese Tendenz läßt sich bereits an der Bilderflut, die durch die Reproduktion von Fotos im Druck entsteht, ablesen.

Bilder und Bildung

War vor der Erfindung der technischen Bildmedien ihre Qualität ausschlaggebend für das Funktionieren der illusionistischen Kraft, so ist es nun die Quantität, die sicherstellt, daß die »geistigen Bilder« in den Köpfen der Betrachter entstehen können. Die Existenz dieser Bewußtseinsbilder beweist wiederum, daß die Quantität der Bilder in eine neue Qualität umgeschlagen ist. »Als Tommy seine das Fernsehprogramm abschaltende Mutter fragte, wie man denn eigentlich in früheren Zeiten, vor der Erfindung von Rundfunk und Fernsehen ... Dunkel und Stille produziert habe, da verriet er unser Zeitalter: denn er verriet, daß die uns ins Haus gelieferten Reproduktionen ... nicht mehr Insel im Alltag oder in der Stille sind: daß umgekehrt Stille und Bildlosigkeit zu Lücken und Löchern im Kontinuum der Bildwelt geworden sind.«[139]

Die Unsichtbarkeit der Medien als Medien läßt sie mit ihren Bewußtseinsbildern vor die eigentliche Realität treten. Die Perfektion der Illusion ist derart gesteigert, daß wir angefangen haben, uns in ihr einzurichten. In Platons Höhlengleichnis wird beschrieben, daß Menschen, die zeitlebens mit dem Rücken zu einem Höhlenausgang gefangengehalten werden, andere Menschen nur als Schattenbilder an der Höhlenwand wahrnehmen und deren Stimmen nur im Zusammenhang mit ihren Schatten erfahren. Nach ihrer Befreiung erstmals mit wirklichen Menschen konfrontiert, halten sie deren tatsächliche, aber unbekannte Erscheinung für nicht zu den bekannten Stimmen gehörend: »Was glaubst du, daß er sagen würde, wenn man ihm versicherte, damals habe er lauter Nichtigkeiten gesehen, jetzt aber sei er dem Seienden näher, stehe vor den Dingen, denen ein Sein in höherem Grade zukomme, und sehe daher richtiger, und wenn man ihm nun jedes der vorüberziehenden Dinge zeigen und ihn nötigen würde, auf die Frage, was es sei, zu antworten, glaubst du nicht, daß er dann gänzlich in Verwirrung käme, und, was er früher gesehen, für wirklicher halten würde, als was man ihm jetzt zeigt?«[140]

Mit der Fotografie legte die Bildkultur nicht nur die Idee ab, ein geschlossenes Weltbild in einzelnen Kunstwerken entwerfen zu können, sie verzichtete auch auf das alte Ideal der Bildung, dem sich die bürgerlichen Frühmedien noch verpflichtet sahen. Rudimentär war es in allen Schaustellungen, Bildvorträgen und Präsentationen noch vorhanden. Die bürgerliche Kultur konnte Unterhaltung nicht als Selbstzweck akzeptieren.

Belehrung und Unterhaltung treten immer wie siamesische Zwillinge in der Kultur des Bürgertums auf. Dem Lustvollen, Sinnlosen, Unterhaltsamen wurde durch den Bildungsanspruch die Trivialität genommen. Der Anspruch geistiger Potenz, der Wille, die Welt mit dem Kopf zu erfahren, machte es unmöglich, Unterhaltung an sich zu rezipieren. Die effektvollen Laterna-magica-Vorträge kamen im Gewand von Bildungsreisen daher. Das Kaiserpanorama zeigte Katastrophen als völkerkundliche Nachhilfestunden. Das Sinnliche versteckte sich hinter vorgeschobener Belehrung.

Anders die reine Massenkultur, sie will gefallen, verzichtet auf die Belehrung und erfreut sich an der Unterhaltung. Der Bildungsanspruch des Bürgertums ging in der Massenkultur technischer Medien endgültig unter. Die Bruchstelle zwischen bürgerlicher Bildungs- und reiner Massenkultur wird im 19. Jahrhundert durch die Erfindung der Fotografie markiert. Der in den Anfängen noch tendenziell festzustellende Bildungsanspruch, zum Beispiel in der Reisefotografie, rettete die Fotografie nicht für bürgerliche Ambitionen. Dieser Bildungsanspruch mußte scheitern, da die medialen Eigenschaften der Fotografie selbst ihm entgegenstanden. Mit der Fotografie wurden die Produktivkräfte explosionsartig ausgebaut. War die Herstellung eines Gemäldes ein Prozeß, der Schulung, handwerkliche Fähigkeit und Ausdauer voraussetzte, so wurde die Herstellung eines Fotos kinderleicht. Das Medium besitzt eine Perfektion, die die Malerei nie erlangen konnte – und der Fotograf profitiert von ihr, ohne lange Schulung, Ausdauer und weiterreichende handwerkliche Fähigkeiten investieren zu müssen. Die Mühelosigkeit des fotografischen Prozesses steht in krassem Widerspruch zum Bildungsanspruch bürgerlicher Medien. Bildung wird über Lernen, also über geistige Anstrengung, vermittelt. Dies scheint mit einem Medium unmöglich zu sein, das seinen Benutzern, sowohl in der Produktion als auch in der Rezeption, keine Anstrengung abverlangt.

Abgesehen von der anfänglichen Nutzung der Fotografie, ihrem Einsatz speziell in bürgerlichen Kreisen, offenbarte sie doch spätestens mit der Verbreitung als Amateurfotografie in den achtziger Jahren des 19. Jahrhunderts und vor allem mit der Verwertung der Fotografie in den Druckerzeugnissen des 20. Jahrhunderts ihren wesentlichsten medialen Charakterzug, indem sie sich als massenhaft auftretendes Bildmedium jeglichem Bildungsanspruch entzog. Alles war fotografierbar, alles wurde fotografiert – ohne eine Idee. Zeigen und Sehen wurden zum

Eigenwert, wie sich die Unterhaltung mit sich selbst begnügt und keine bildungsbürgerlichen Hintergedanken hegte.

Indem die Fotografie selbstgenügsam wird, hebt sie nicht mehr auf bewußte Rezeption ab, sondern auf unbewußten Konsum. Dieser ist nicht nur bedingt durch den Bildungsverzicht, sondern auch durch das massenhafte Auftreten der Bilder, das gar keine andere Rezeption mehr zuläßt. Oder anders: Der Verzicht auf jeglichen Bildungsanspruch ermöglicht erst den Konsum der Bilderflut, der mit bewußter Rezeption nicht möglich wäre. Bildproduktion und -rezeption bedingen einander. Insofern ist die Fotografie von jeher mehr unterhaltendes Massenmedium als bürgerliche Bildungsinstanz gewesen. Ihr Einsatz als bürgerliches Repräsentationsmedium oder zur reisejournalistischen Dokumentation konnten dies nur kurze Zeit kaschieren. Spätestens mit George Eastman und der Möglichkeit, Fotos in die Drucktechnik zu integrieren, wurde die Fotografie endgültig zum massenhaften Unterhaltungsmittel.

Es mag hier wie eine unzulässige Verknappung erscheinen, die Trennung von Bildung und Unterhaltung in der Fotografie allein auf den Widerspruch von mühevoller Bildung und müheloser Bildfertigung und -rezeption zu stützen. Auch der Hinweis auf die Massenhaftigkeit technisch gefertigter Bilder scheint das Problem nicht umfassend reflektieren zu können. Darum muß auch auf die grundlegenden Veränderungen, die sich mit der technischen Reproduzierbarkeit für Produktion und Rezeption ergeben, eingegangen werden.

Wichtig ist hier der Unterschied zwischen den handwerklich gefertigten Frühmedien des 18. und 19. Jahrhunderts und den industriell verfügbaren Reproduktionstechniken des 20. Jahrhunderts, zu denen die Fotografie hinüberleitet. Am deutlichsten wird dieser Unterschied im Vergleich zwischen Malerei und Fotografie, zwischen der handwerklichen und der industriellen Fertigung. Bei der Malerei tritt das Subjekt als Auftraggeber, als Künstler und als Rezipient in Erscheinung. Der Feudalherr oder der reiche Bürger, der sich ein Salonbild anfertigen ließ, kannte sowohl den Maler als auch die Gruppe der Betrachter – wie auch umgekehrt. Maler, Bild und Rezipient waren noch klar aufeinander bezogen. Die handwerkliche Bildproduktion blieb also maßgeblich von dem persönlichen Kontakt bestimmt, vom subjektiven Charakter der Produktion und Rezeption. Die Botschaft, die das Gemälde übermittelte, hatte ihre subjektiven Züge noch nicht abgelegt. Sie besaß Züge des Reagierens – auf den Auftraggeber und auf die Gruppe der Rezipienten.

Anders ist der Charakter der industriell gefertigten visuellen Mitteilung, die erstmals mit der Fotografie als technischem Bildmedium in Umlauf kommt. Der subjektive Anteil, sowohl in der Produktion als auch in der Rezeption, ist hier kaum noch zu erkennen bzw. nur noch geringfügig vorhanden. Spätestens mit der Einführung der illustrierten Periodika werden sich Fotograf und Fotografiebetrachter endgültig fremd. Der Produzent kann weder den Umfang noch das Umfeld der Rezeption beeinflussen. Der Rezipient weiß nichts mehr über den Fotografen, die Umstände der Produktion, die Absicht der Publikation. Das Foto in der Zeitung oder der Illustrierten präsentiert sich als Bild, ohne die Zusammenhänge seiner Entstehung zu offenbaren. Der Betrachter nimmt wahr, ohne daß der Produzent als Subjekt erfahrbar wäre. Die massenhaften Fotos agieren, ohne noch reagieren zu können: War das Anliegen des gemalten Bildes immer konkret, wird es nun mit der Industrialisierung abstrakt. Malte man früher für sich oder für einen genau zu überschauenden Kreis von Menschen, so fotografiert man nun für andere, die man nicht mehr kennt. Die Gruppe der Bildbetrachter wird zum Publikum, das anonym ist und als einzigen Wert seiner selbst seine Größe vorweisen kann. Der einzelne Betrachter fällt lediglich noch statistisch ins Gewicht.

Massenhaftigkeit und Massenmedien

Trotzdem gibt es in der Fototheorie Einschätzungen, die in der Massenhaftigkeit der Bilder positive Ansätze erkennen. Walter Benjamin sieht speziell in der durch die Reproduzierbarkeit entstehenden kollektiven Rezeption ein gesellschaftlich fortschrittliches Element. Die technischen Medien ermöglichen es erstmals, in einem bislang unbekannten Ausmaß die Massen zu erreichen. Fortschrittliche Gedanken müßten, so Benjamin, lediglich in die Massenmedien integriert werden, um ihre politische Funktion zu erfüllen. Technisch steht dieser Absicht tatsächlich nichts entgegen. Die Massenmedien meinen mit ihrem Namen nicht nur ihre Produktionsform, sondern auch ihr Publikum. Das Abheben auf Technik und ihre fortschrittlichen Möglichkeiten bei Benjamin ist durchaus richtig, gleichzeitig aber zu ausschließlich. Mit der Massenhaftigkeit der visuellen Informationen hat sich nicht nur die Wahrnehmung, sondern es haben sich auch die Ästhetik und der Gehalt der Bilder verändert. Die Umwandlung, die hier stattgefunden hat, ist umfassender, als daß man sie auf ihre technische, quantitative Dimension allein beschränken könnte.

Mit der Erfindung der Fotografie hat sich der Prozeß der Bildherstellung verkürzt und vereinfacht. War das gemalte Bild das Endergebnis von Skizzen, Entwürfen, Studien, wuchs es mit der Fähigkeit des Produzenten, seinen Gegenstand (nicht nur technisch) zu erfassen, und war seine Einmaligkeit gleichzeitig auch der Höhepunkt intellektueller und handwerklicher Auseinandersetzung, so ist das Foto nur in den wenigen Fällen künstlerischer Leistung diesem ebenbürtig. Der kreativ anspruchsvolle Fotograf, muß den Ausschnitt der Wirklichkeit suchen, der seinen intellektuellen und ästhetischen Vorstellungen gerecht wird. Die Vorgaben aber liefert immer die Wirklichkeit, der Fotograf bleibt ein Reagierender. Die Entstehung des Fotos ist maßgeblich durch die Charakteristika von Schnelligkeit, Spontaneität und einer ästhetischen wie intellektuellen Indifferenz bestimmt.[141] Diese Indifferenz soll von der Fotografie durch den scheinbaren Vorzug der Massenhaftigkeit kompensiert werden. Entspricht das Foto in irgendeiner Weise nicht den Ansprüchen seiner Produzenten bzw. Rezipienten, kann es, ob seiner einfachen Herstellung, schnell neu gefertigt werden – auch wenn jeder Aufnahmemoment einmalig ist. Indem praktisch jeder Augenblick im Bild zu fixieren ist, sind alle Augenblicke zunächst einmal gleichwertig und austauschbar. Die Massenhaftigkeit der Bilder ist gleichzeitig das Eingeständnis ihrer eigenen Unzulänglichkeiten: Jedes neue Bild will die vorhandenen konkretisieren, während es diese de facto lediglich relativiert. Die Qualität der massenhaften, technisch gefertigten Bilder ist eine grundlegend andere als die der handwerklich gefertigten Gemälde.

Die Relativierung der alten Bilder durch ständig neue gewinnt ungekannte Ausmaße mit der Einbeziehung weiterer Multiplikatoren, wie zum Beispiel dem Druck bei der Illustrierten oder der Filmkopie im Kino. Und obwohl hier die Qualität der einzelnen Bilder durch die Geschwindigkeit der Bildabfolge einer weiteren gravierenden Veränderung unterliegt, zeigt sich, daß Benjamin zumindest teilweise mit seiner Behauptung einer fortschrittlichen Wirkung durch die massenhafte Rezeption Recht behält. Er unterstellt den Rezipienten technisch gefertigter und verbreiteter Bilder nämlich die Möglichkeit der Kommunikation, des Reagierens. Tatsächlich ist diese vorhanden, wenn auch nur in Rudimenten, und sei es durch den Verzicht,eine Illustrierte zu kaufen. Im Kino ist die Rezeption durchaus noch ein kollektiver Akt, aber schon der Illustriertenleser oder auch der Fernsehzuschauer ist isoliert, ohne Möglichkeit der Kommunikation. Die Rezeption und ebenso die Bilder selbst haben hier eine neue Qualität angenommen.

Die fortschrittliche Hoffnung, mit Massenmedien ein Massenpublikum zu erreichen, die von der Fotografie erstmals eingelöst wurde und die der Film dann noch steigerte, ist richtig und falsch zugleich. Die Massen werden zwar erreicht, die Bilder verlieren mit ihrem massenhaften Auftreten aber ihren Gehalt. Das Moment der Kommunikation, des Reagierens, das zuvor noch untrennbar mit der Rezeption von Bildern verbunden war, fehlt nun. Angedeutet wird dies im Kino: Die eigentlich bestehende Kollektivität wird aufgehoben mit der Verdunkelung, die den Zuchauer von seinem Nachbarn und der Realität loslöst und ihn allein auf sich konzentriert. Er ist lediglich »Publikum«, das vorgeführte Kunstwerk ist eine Ware. Was bleibt, ist die Rücksichtnahme auf ihn als Zielgruppe, nicht als Individuum. So kann er auch nicht mehr individuell reagieren, weil dieses Reagieren auf die statistische Form der Besucherzahl (bzw. der verkauften Auflage, der Einschaltquoten) reduziert wird. Kaufverweigerung sagt nichts aus über deren Gründe.

Die Untersuchung der Frühmedien zeigt, daß diese Bilder noch eine Eigenschaft haben, über die auch die Malerei verfügt: Sie erklären, verdeutlichen, belehren, sie besitzen Gehalt. Gleichzeitig wollen sie aber auch erfreuen, Genuß sein. In der Kirche wollte man den Bildbetrachtern sowohl moralische Belehrung als auch Erbauung vermitteln. Der Feudalherr demonstrierte anhand der ausgestellten Portraits das bürgerliche Ideal der Familientradition, wobei er hierfür eine sinnliche Form wählte, die dem Rezipienten als angenehme Erfahrung vermittelt wurde. Der Bänkelsänger beendete seinen Vortrag mit der »Moral von der Geschicht'«, wobei die realistischen Darstellungen das Einfühlen erleichtern, die sinnliche Erfahrung vergrößern sollten. Die Einheit von *Zeigen* und *Genuß,* von *Ratschlag* und *Sinnlichkeit,* von *delectare* und *prodesse* bricht mit dem Massenmedium Fotografie erstmals auseinander.

Die neue Wertigkeit der Massenbilder

Durch die Massenhaftigkeit, mit der visuelle Reize in der Industrialisierung auftreten, wird die »Erfahrung« vom bloßen »Eindruck« abgelöst. Die Wahrnehmung verflüchtigt sich und wird unscharf, der einzelne visuelle Reiz geht in der Masse unter. Ebenso verflüchtigt sich das einzelne Foto in der Masse seiner Konkurrenten. Genuß wird zum Rauscherlebnis, das Bewußtsein nicht ein-, sondern ausgeschaltet, der bewußte Genuß wird also unmöglich gemacht. Maßgeblicher ist aber die Veränderung des »prodesse« mit der Industrialisierung von Bildproduktion und -verwertung. Wie die ästhetische Qualität des Einzelbildes in der Bilderflut unbedeutend wird, so verändert sich auch der Inhalt der technisch erzeugten Bilder. Mit der Anonymisierung von Produzenten und Rezipienten verliert sich die Genauigkeit des »Gehalts«, das Bild gewinnt an Indifferenz. Seine Bedeutung liegt nicht mehr im einzelnen Bild, sondern in seinem massenhaften Vorkommen. Der Gehalt reduziert sich aufs bloße Darstellen. Bilder als Bildungsinstanzen erhöhen mit ihrer technisch gefertigten Massenhaftigkeit keineswegs ihr Bildungspotential, eliminieren vielmehr die Bildung und machen sie zur Bild-Präsentation, die nicht mehr einem zielgerichteten Denken und Handeln unterliegt, sondern als optisches Inventarverzeichnis der Welt beliebig einsetzbar und interpretierbar geworden ist. Auf dem Weg vom *Gehalt* zur *Information* bekommt der Rezipient zwar alles gezeigt, die Zusammenhänge zwischen dem Gezeigten verlieren sich aber – genau das, worum es den handwerklich gefertigten Bildern noch ging, verschwindet. Technisch gefertigte Bilder lösen die Erfahrung ab, ohne sie ersetzen zu können.

Das massenhafte Auftreten der Bilder hat zwei wichtige Konsequenzen: 1. Massenhaftigkeit nivelliert Wirkung und Wert des Einzelbildes. Das Mehr an Bildern hat ein Weniger an Information zur Folge. 2. Subjekt und Rezipient stehen in keiner unmittelbaren Beziehung mehr zueinander, die subjektive Gestaltung des Produzenten wird zurückgedrängt zu Gunsten der Masseninteressen – und diese sind nicht mehr konkret zu bestimmen, sondern bleiben indifferent. Indem die subjektive Einwirkung des Bildproduzenten auf die Bilder mit der Einführung der Massenmedien verlorengeht, sich zwischen ihn als Fotograf und die Käufer einer Illustrierten als Rezipienten ein vielschichtiger Produktionsapparat schiebt, verändert sich auch der Charakter der von ihm gelieferten visuellen Informationen. Sie basieren nicht mehr auf subjektiver Belehrung, sondern auf anonymer Konsumtion. Der subjektiven Belehrung steht kein konkreter Erfahrungshunger mehr entgegen. Es bleibt ebenso unklar, was der Betrachter/Konsument sehen will, wie das, was man ihm zeigen möchte. Folglich zeigt man ihm alles, baut den Fluß der visuellen Information ins Unendliche hin aus. Den »Gesetzen der *Aktualität«* folgend, läßt man den Informationsfluß nicht abreißen, Aktualität wird zum Selbstzweck. Die Kontinuität der Informationserneuerung und -variation verrät die Hoffnung, alles zu zeigen, um jedes spezifische Interesse abzudecken. Gleichzeitig sorgt die *Massenhaftigkeit* für die entsprechende Streuung des Informationsflusses, so daß nicht nur jedes Interesse abgedeckt, sondern auch jeder Interessierte erreicht werden kann. Mit der Massenhaftigkeit der fotografischen Bilder bekommen die Rezipienten alles gezeigt, ohne daß damit eine spezifische, erkennbare Absicht an sie herangetragen würde. Waren die Bilder vor der technischen Reproduktion einzigartig und zeitlos, so sind sie nun massenhaft und aktuell. Damit potenzieren sie, schaut man allein auf das Medium, zwar anscheinend ihre Nützlichkeit, indem sie die visuellen Informationen potenzieren. Der Charakter der Information, d.h. die Trennung des Gehalts vom Subjekt, verhindert aber diese vermeintliche Nützlichkeit.

In dieser Analyse wurde Fotografie immer als Massenmedium gesehen. Die Frage nach ihrer künstlerischen Potenz scheint in diesem Kontext irrelevant zu werden. Indem das Subjekt zusehends aus dem Prozeß der Produktion verschwindet, es anonymisiert wird, bleibt kein Raum mehr für die künstlerische Produktion. Die Fotografie will nicht mehr Kunst sein, sondern scheint das Kunststück vollbringen zu müssen, allen zu gefallen, wobei dieser Totalitätsanspruch scheinbar durch nichts eingegrenzt wird. Insofern wirken alle Diskussionen über die Werthaftigkeit der Fotografie deplaciert, solange sie versuchen, diese mit dem traditionellen Kunstbegriff zu fassen. Eingangs ist bereits darauf hingewiesen worden, daß Fotografie sehr wohl eine künstlerische Ausdrucksform sein kann; deren Ästhetik ist allerdings nur noch ein Relikt. André Bazin erkannte richtig, auch wenn er die falschen Schlüsse daraus zog, daß man die Fotografie »... als eine Art Abguß, ein(en) Abdruck des Gegenstandes durch die Vermittlung des Lichts«[142] betrachten kann. Die Reproduktion durch die fotografische Technik überläßt dem Fotografen nur in beschränktem Umfang Spielraum für den eigenen Gestaltungswillen. Die »Affinität zur ungestellten Realität« (Kracauer) macht ihn vornehmlich zum reagierenden und erst zweitrangig zum agierenden Künstler.

30 Sven Simon: Franz Josef Strauß auf dem Parteitag der CSU, 1986 in Nürnberg

Dieses dürftige Potential ästhetischer Autonomie schwindet, sobald die Fotografie in die Verwertungsinstanzen der Massenmedien gerät, indem dem Fotografen die wichtigste Möglichkeit subjektiver Artikulation, nämlich die autonome Bestimmung von Auswahl, Zuordnung, schriftlicher Erläuterung - all dessen, was dem einzelnen Foto seine Indifferenz nimmt -, in andere Hände gelegt wird. Auch wenn um einzelne Illustriertenfotografen der Dunst des Starkults gelegt wird, so kann dies nicht darüber hinwegtäuschen, daß die abgedruckten Bilder und Reportagen das Endergebnis eines stark arbeitsteilig betriebenen Prozesses sind, in dem der Fotograf lediglich ein Zulieferer unter vielen anderen ist.

Nur in dem anachronistischen Einsatz des Mediums, in der Arbeit außerhalb dieser Instanzen, die Fotos zum Informationstransport benutzen, bleibt ein letzter Freiraum für die differenzierte, bewußte Artikulation des Fotografen. In der Fotografie geschieht dies vornehmlich durch die Kommentierung der Bilder. Selbst in der Fotosequenz läßt sich kein subjektiver, unverkennbarer Stil ablesen, wohl aber ein subjektives Interesse, das auf den Fotografen verweist. Anders als der Maler kann der Fotograf nur über Umwege auf sich als Produzenten und auf das, was seiner Arbeit als Interesse zugrunde liegt, hinweisen. In der Fotografie gibt es weder den Stil noch die Textur der Malerei, noch, und dies ist besonders gravierend, einen Rezeptionsraum, der sich von der Bilderflut der Massenmedien bewußt abhebt. Malerei arbeitet den Printmedien nicht zu, bleibt bewußt nutzlos, außerhalb der Verwertungsinstanzen.

Nur in einem ähnlich ungebeugten Einsatz der Fotografie im Kunstkontext erhält sie die letzten Reserven für eine kreative Artikulation. Hier ist sie anachronistisch und human zugleich. Hier bewahrt sie sich die Rudimente von Genuß und vage auch die des Gehalts, soweit dies das Medium zuläßt. Mit der Einbeziehung der Fotografie in die Printtechniken wird das anfänglich noch vorhandene Sender-Empfänger-Modell zu einem one-way-Prinzip, ähnlich wie beim Film. Nur außerhalb dieses one-way-Prinzips scheint sich das Medium die Relikte seiner Ästhetik und seines subjektiven Gehalts bewahren zu können. Fotografische Autonomie und Subjektivität sind also nicht nur eine Frage künstlerischer Potenz, sondern auch eine Frage der Unabhängigkeit und Distanz zu den professionellen Verwertungsinstanzen des multiplizierten Bildes. Die künstlerische Kraft des Fotografen ist also weniger durch die Produktionsmittel als vielmehr durch die Produktionsverhältnisse bestimmt.

Die neuen Spezialisten

Indem die Bilder massenhaft ständig alles neu zeigen, verändert sich auch das Verhältnis der Rezipienten zur Welt, wie sie durch Bilder vermittelt ist, und entsprechend zum Weltbild. Die Fotografie bringt nicht nur die Gesetze von Aktualität und Massenhaftigkeit und damit die Trennung bzw. Auflösung von delectare und prodesse in die Bildkultur ein, sie perfektioniert trotz ihrer Massenhaftigkeit, was zuvor immer ein Widerspruch war, die Qualität der Abbildung. Ihr gelingt, was weder Malerei noch andere künstlerische Techniken zuvor vermocht hatten, nämlich »eine Art Abguß« von der Realität zu fertigen. Damit wird eine Authentizität erreicht, die den Betrachtern ein Gefühl unmittelbarer Teilnahme ermöglicht. In der Rezeption entsteht also ein Widerspruch: Während Bilder in den Massenmedien in die Sphäre des Konsums abrutschen, vermitteln sie gleichzeitig das sichere Gefühl unmittelbarer Nähe. Dies geschieht erstens dadurch, daß sich die Medien gänzlich unsichtbar machen, Abdrucke herstellen, die wegen ihrer Genauigkeit die Unterscheidung zwischen Original und Surrogat erschweren. Wer täglich Krieg und Gewalt als harmlosen Bilderreigen erfährt, wird deren Ernst in der Realität verkennen. Die Realität vermag in ihren unmenschlichsten Deformationen nicht zu berühren, sobald sie durch das Medium gefiltert wird: »Die ganze Welt wird durch das Filter der Kulturindustrie geleitet. Die alte Erfahrung des Kinobesuchers, der die Straße draußen als Fortsetzung des gerade verlassenen Lichtspiels wahrnimmt, weil dieses selber streng die alltägliche Wahrnehmungswelt wiedergeben will, ist zur Richtschnur der Produktion geworden. Je dichter und lückenloser ihre Techniken die empirischen Gegenstände verdoppeln, um so leichter gelingt heute die Täuschung, daß die Welt draußen die bruchlose Verlängerung derer sei, die man im Lichtspiel kennengelernt.«[143] Aufgrund der scheinbaren Nähe zum Geschehen glaubt der Konsument alles zu wissen. »Es hängt mit der Technik des Films genau wie mit der des Sports zusammen, daß jeder den Leistungen, die sie ausstellen, als halber Fachmann beiwohnt.«[144] Auf der Rezeptionsebene, so will der Medienoptimismus glauben machen, eröffnen die technischen Bildmedien dem »halben Fachmann« ungeahnte Möglichkeiten: »Der Malerei gegenüber ist es die unvergleichlich genauere Angabe der Situation, die die größere Analysierbarkeit der im Film dargestellten Leistung ausmacht. Der Szene gegenüber ist die größere Analysierbarkeit der filmisch dargestellten Leistung durch eine höhere Isolierbarkeit bedingt. Dieser Umstand hat, und das macht seine Hauptbedeutung aus, die Tendenz, die gegenseitige Durchdringung von Kunst und Wissenschaft zu befördern. In der Tat läßt sich von einem innerhalb einer bestimmten Situation sauber – wie ein Muskel an einem Körper – herauspräparierten Verhalten kaum mehr angeben, wodurch es stärker fesselt: durch seinen artistischen Wert oder durch seine wissenschaftliche Verwertbarkeit. Es wird eine der revolutionären Funktionen des Films sein, die künstlerische und die wissenschaftliche Verwertung der Fotografie, die vordem meist auseinanderfielen, als identisch erkennbar zu machen.«[145]

Zutreffend mag diese Betrachtung noch sein, solange sich die technisch gefertigten Bilder in dem anachronistischen Raum wirtschaftlicher Nutzlosigkeit bewegen, sie weder in die Sphäre der Aktualität noch in die der Massenhaftigkeit geraten. Integrieren sie sich allerdings dort, geht eben diese Durchdringung von Kunst und Wissenschaft, von Genuß und Analyse verloren. Der »halbe Spezialist« ist wirklich das, was sein Titel meint: weder Kenner noch Naiver. Er sieht zwar alles, aber ohne dabei wirkliche Erfahrungen machen zu können. Er kennt alles nur von seiner Oberfläche her, nie von seinen Zusammenhängen. Er sieht den vom Knochen getrennten Muskel; in seiner sezierten Form kann er beides noch genau betrachten, er kann aber nicht erfahren, wie beide zusammenspielen, welche Einheit sie herstellen. Die Erfahrungspotenzierung, die Benjamin vermutet, entpuppt sich tatsächlich als Erfahrungsverlust.

»Unbildung, als bloße Naivität, bloßes Nichtwissen, gestattete ein unmittelbares Verhältnis zu den Objekten und konnte zum kritischen Bewußtsein gesteigert werden kraft ihres Potentials von Skepsis, Witz und Ironie - Eigenschaften, die im nicht ganz Domestizierten gedeihen. Der Halbbildung will dies nicht glücken.«[146] Diese Halbbildung manifestiert sich in den Produkten der Kulturindustrie in der Reduzierung der Bilder auf bloße Informationsträger, aufs bloß Faktische, aus dem man das Subjekt eliminiert hat. Genau diese Beziehung von Subjekt und Objekt, die nach Adorno die Bildung früher einmal bestimmte, zerfällt mit den industriell eingesetzten Bildmedien. Fotos sind eigenständige Informationen, objektivierte Erfahrungen, in der das erfahrende Subjekt nicht mehr existiert. Damit verlieren die Bilder jeden Bezug zur gesellschaftlichen Wirklichkeit, die sie hervorgebracht hat. Das Potpourri der Illustrierten zeigt Bilder unserer Welt, ohne daß wir diese als unsere erfahren könnten. Sie bleibt uns fremd.

Die Bilderflut ist gleichermaßen Futter und Produkt der Halbbildung. Mit der Trennung von Subjekt und Objekt, die die Fotografie eingeläutet hat, stillt diese einen diffus gewordenen Erfahrungshunger, dem sie vorgibt, faktisches Wissen vermitteln zu können. In der Fotografie gibt es tendenziell keine Subjektivität mehr, keine Erfahrung und keinen Gehalt; insofern integriert sie sich in das Modell der Halbbildung, das Kennen und Wissen nicht zu trennen vermag.

In diesem Vermittlungssystem ist das Medium selbst unsichtbar geworden. Die Vermittlung der Welt wird zur Ersatzwelt. Erstens verflüchtigt sich das Medium als solches, wird nicht mehr wahrgenommen, zweitens ist die gezeigte Welt in der Reduzierung ihrer selbst auf die Oberfläche, aufs Faktische eine Welt ohne Zusammenhänge, ohne Wurzeln und Fundamente, eine Welt ohne gesellschaftliche Realität. Insofern ist sie harmonisch, ohne Widersprüche. In der Sucht nach Bildern, nach einem Leben in der Bilderwelt, artikuliert sich nicht nur ein System der Halbbildung, das keine andere Wahrnehmung mehr zuläßt, es artikuliert sich auch der verstümmelte Wunsch nach einer besseren Welt. Das Utopia jenseits des Horizonts hat sich als perfekte Inszenierung in die Wohnstuben begeben. Hier ist es allerdings nicht mehr Erfahrungserweiterung, sondern Erfahrungsersatz. Ein Ersatz, der als solcher nicht mehr wahrgenommen wird und dem darüber hinaus im bloß Faktischen der Stachel der Realität genommen ist.

Neue Medien produzieren ein neues Bewußtsein

Im Einleitungskapitel wurde festgestellt, daß es für die Fotografie bis heute keine fundierte Theorie und Kritik gibt, wie man sie zum Beispiel beim Film kennt. Es wurde auch überlegt, woran dies liegen mag. Trivialität und Massenhaftigkeit waren die beiden zentralen Punkte, die einer übergreifenden Betrachtung entgegenstanden. Hinzu kam, daß die Veränderung von Bildproduktion und -rezeption, und dies umschließt hier die gesamte Wahrnehmung, in einen gesellschaftlichen Wandel eingebettet ist, dessen Auswirkungen gravierend sind. Die Industrialisierung hat alle Bereiche des Lebens ergriffen. Auch die Geschichte der neueren Medien ist nicht allein positivistisch oder ästhetisch wertend zu rekonstruieren. Das gesellschaftliche Umfeld, dem diese Medien entstammen, spiegelt sich in ihren Eigenschaften und Funktionen. Daß uns dieses Spiegelbild heute blendet, ist nicht allein eine mediale Eigenschaft elektronisch perfektionierter Massenmedien, sondern gleichzeitig eine Beschreibung des Zustands unseres Bewußtseins.

Die Theorie- und Kritiklosigkeit ist also weniger ein Manko, das zu beklagen wäre, als vielmehr eine Konsequenz, der man kaum ausweichen kann. Mit der »Phantomisierung« der Welt durch Bilder schwindet nicht nur der Rezeptionszusammenhang, der eine intellektuelle Auseinandersetzung zuließe, es verschwinden auch die Bilder als Einzelbilder. Es gibt kein *Foto* mehr, sondern nur noch eine *Fotografie*. Das Einzelbild geht im Ensemble unter. Die Wahrnehmung der einzelnen Bilder verliert sich in der Bilderfülle. Die Fotokritik, will sie nicht nur ein Ableger der Kunstkritik sein, müßte zur Medienkritik werden, um außer den technischen und ästhetischen auch die gesellschaftlichen Veränderungen adäquat zu berücksichtigen. Dann würde sich zeigen, daß die Veränderung der Bildkultur nicht nur eine quantitative ist, sondern auch eine, deren neue Qualitäten auf neuen gesellschaftlichen Bedingungen beruhen. Umgekehrt müßte es also auch möglich sein, von den »Neuen Medien«, den Medientechnologien des ausgehenden 20. Jahrhunderts, auf die gesellschaftlichen Bedingungen, von denen sie hervorgebracht werden, zu schließen. Wenn diese für das 19. Jahrhundert festgestellte Wechselbeziehung zwischen gesellschaftlicher Entwicklung und Erscheinungsweise sowie Einsatz der Medien besteht, dann muß das auch auf das 20. Jahrhundert übertragbar sein.

Wichtigste Wirkung der Fotografie bleibt es, durch die technisierte Herstellung von Bildern einen Grundstein für den Ausbau der Kulturindustrie gelegt zu haben. Durch die Kulturindustrie greift die industrielle Fertigung auf die Bewußtseinsbildung über. Dazu stellt die Kulturindustrie nicht materielle Güter her, sondern immaterielle, die bestimmte Bewußtseinszustände avisieren: Ihr geht es nicht mehr um einzelne Bilder, vielmehr um das Bild, das sich der Mensch von der Welt macht. Der Weg dorthin führt nicht über einzelne Produkte, sondern über die ganze Palette kulturindustrieller Güter: »In all ihren Sparten werden Produkte mehr oder minder planvoll hergestellt, die auf den Konsum durch Massen zugeschnitten sind und in weiterem Maß diesen Konsum von sich aus bestimmen. Die einzelnen Sparten gleichen der Struktur nach einander oder passen wenigstens ineinander. Sie ordnen sich fast lückenlos zum System.«[147] Die Fotografie, das stehende Bild in den Printmedien, ist also nur ein Bestandteil dieses Systems.

Dieses System von bewußtseinsbildenden Kulturprodukten, zu denen Hörfunk, Fernsehen, Film, Illustrierte, Kabel-TV, Video etc. gehören, hebt wie alle anderen industriell gefertigen Güter auf massenhaften Konsum ab. Das Profitprinzip der Warenwirtschaft überrägt sich auf die geistigen Produkte. Die »leichte Kost« der Medien ist die harmlose Umschreibung für ihre Unterwerfung unter den Konsum. Indem die bewußtseinsbildende Produktion erstmals mit der Fotografie bzw. der Technisierung eine neue Quantität erreicht, die später durch Drucktechniken und Elektronik noch ausgebaut wird, gelingt es ihr, sich dem

Zwang, sich verkaufen zu müssen, zu entziehen: »Geistige Gebilde kulturindustriellen Stils sind nicht länger *auch* Waren, sondern sind es durch und durch. Diese quantitative Verschiebung ist so groß, daß sie ganz neue Phänomene zeitigt. Schließlich braucht die Kulturindustrie gar nicht mehr überall die Profitinteressen direkt zu verfolgen, von denen sie ausging . . . Kulturindustrie geht über in Public relations, die Herstellung eines good will schlechthin, ohne Rücksicht auf besondere Firmen oder Verkaufsobjekte. An den Mann gebracht wird allgemeines unkritisches Einverständnis . . .«[148] Die Kulturindustrie ist ein System, das auf Vereinnahmung und nicht auf Distanz des Rezipienten bzw. Konsumenten abhebt. Ziel ist es, das Individuum in die Masse zu integrieren, sein Gewissen als kontrollierende Instanz durch die Orientierung an Leitbildern zu ersetzen.

Die Fotografie als ein Wegbereiter der Kulturindustrie verhält sich noch widersprüchlich, insofern als fotografische Bilder durchaus noch individuell gefertigt werden können. Jeder ist in der Lage, seine eigenen Fotos zu machen, de facto stellen aber alle fotografierenden Individuen (vorausgesetzt, sie fertigen keine künstlerisch autonomen Bilder an) identische Produkte her, die lediglich gängige Klischees reproduzieren: Die Restautonomie, die sich die individuelle Fotografie ins 20. Jahrhundert herübergerettet hat, ist inzwischen vereinheitlicht. Standardisiert wie das Bewußtsein der Produzenten. Diese Bilder belegen geradezu die Herstellung des »good will«, von dem Adorno spricht. So hat die Kulturindustrie auch die Bereiche individueller Produktion indirekt vereinnahmt, die noch Autonomiereste besitzen. Sie zielt allein auf die Oberfläche, deren Dichte durch das System kulturindustrieller Produkte bestimmt wird.

Genau dieser Zug, das Bewußtsein auf die Oberfläche einzuschwören, läßt sich (trotz ihrer Restautonomie) medial bereits in der Fotografie feststellen, auch wenn diese erst mit der »Einbeziehung in das System« der Kulturindustrie ihre Wirkung voll entfaltet.

Gefährlichster Zug des Fotos bleibt nämlich seine Unfähigkeit, fiktiv, utopisch, alternativ zu sein. Die Fotografie bleibt faktisch, immer auf das beschränkt, was ist. Sie kann nicht über den Status quo des visuell Alltäglichen hinausführen. Tatsächlich schwört sie die Menschen auf den Status quo ein, läßt keinen Raum, um jenseits dieser Bilderwelt, die eine Faktenwelt des Alltags ist, an eine Veränderung zu denken. Mit ihrem massenhaften Auftreten haben die Bilder eine ihrer wichtigsten

Funktionen, nämlich die der Aufklärung, verloren. Aufklärung geschieht durch Abstraktion, durch Begriffsfindung. Dies negiert die Fotografie. Sie ist im Faktischen konkret, was mit der Flut der Bilder aber zusehends in Diffusion umschlagen muß. Die Fotografie bleibt indifferent in Raum und Zeit. Folglich lösen sich die Zusammenhänge auf, Bilder lassen sich beliebig addieren. Ein Begreifen wird unmöglich, weil eben das »Be-greifen«, die sinnliche Erfahrung, von einer künstlichen abgelöst wird. Der »halbe Fachmann« ist nur die eine Seite der Medaille, auf der anderen hinterläßt die Bilderflut einen Zustand der Bewußtlosigkeit. Die Dichte der bloßen Fakten läßt keinen Raum mehr für das Kreative – ästhetisch wie politisch. »Die ›Bildidee‹ vertreibt die Idee, das Schneegestöber der Fotografien verrät die Gleichgültigkeit gegen das mit den Sachen Gemeinte.«[149]

»Als Zeichen soll Sprache zur Kalkulation resignieren, um Natur zu erkennen, den Anspruch ablegen, ihr ähnlich zu sein. Als Bild soll sie zum Abbild resignieren, um ganz Natur zu sein, den Anspruch ablegen, sie zu erkennen. Mit fortschreitender Aufklärung haben es nur die authentischen Kunstwerke vermocht, der bloßen Imitation dessen, was ohnehin schon ist, sich zu entziehen.«[150] Indem die Bilder mit ihrem massenhaften Auftreten die »bloße Imitation« des Bestehenden betreiben und das Moment der »Kalkulation«, der Definition, das die sprachliche Aneignung der Welt noch beinhaltete, vernachlässigen, verkümmert das Potential an realer Erfahrungsmöglichkeit. Der Zustand des »So ist es« wird zum Alleingültigen, weil mit der Bilderflut der Blick für Alternativen verstellt wird. Damit ist eine wichtige Eigenschaft der neuen Medien beschrieben. Unklar bleibt aber, in welchem gesellschaftlichen Zusammenhang eine solche Medienentwicklung steht. Läßt sich hier, zumindest in Hypothesen, ein Rückschluß auf die Wechselbeziehung von neuen Medien und Gesellschaft ziehen?

Die hochtechnisierte Welt produziert außer einer neuen Qualität der Arbeit und der Wahrnehmung auch ein neues Bewußtsein. Dies ist nicht eine zufällige Konsequenz, sondern eine Bedingung für das Funktionieren der hochtechnisierten Gesellschaft. In dem Maße, in dem die Arbeit entfremdet wird, muß dieser Erfahrungsverlust in der Freizeit kompensiert werden. Gelänge dies tatsächlich, würde die Freizeit zu einem unversöhnlichen Widerpart der Arbeit, sie würde den Grad an Entfremdung schmerzhaft offenlegen. So greifen die neuen Medien auf das zurück, was ihre Vorfahren vor und zu Beginn der Industrialisierung praktizierten: Sie erzeugen Scheinerfahrungen. Waren die lebenden Bilder auf dem Jahrmarkt Kompensation der mangelhaften Mobilität ihrer Rezipienten, die es unmöglich machte, an fremden Orten neue Erfahrungen zu machen, so erzeugen die neuen Medien eine ganz neue Qualität von Erfahrungsersatz. Durch ihr Unsichtbarwerden, durch die Phantomisierung ist die Rezeption kein bewußter Akt mehr. Die Perfektionierung der Illusion in den Frühmedien hatte ihre Grenzen mit dem Ende der Vorführung. Im Kino setzt das wiederaufleuchtende Saallicht ein deutliches Zeichen für die Rückkehr in die Realität. Der Ausflug nach Utopia, in die vorenthaltenen Erfahrungsräume, hat ein sichtbares Ende. Mit dem Fernsehen verdichtet sich dieser Ausflug zu einer Dauerreise.

Diese Dauerreise, und dies ist der zweite gravierende Unterschied zu den Frühmedien, hat ihr phantastisches Element verloren. Mit den aufs Faktische abhebenden Bildern der neuen Medien wird die Phantasie domestiziert.[151] In der Bilderflut der neuen Medien gibt es die Phantasie nicht mehr, das Faktische erscheint als Revue, die die Augen zwar noch erreicht, das Bewußtsein aber ausschaltet. Gleichzeitig wird der Zusammenhang von Arbeit und Freizeit, anders als der alte Zusammenhang von Jahrmarkt und Alltag, nicht mehr als Kontrast, als Bruch vorgeführt. Die Realität der Illusion wird ebenso wirklich wie die Arbeit. So kann die freie Zeit, die heute nicht zuletzt Arbeitslosigkeit ist, nicht in Opposition zur Arbeit treten. Das Faktische der Bilderwelt schließt sich lückenlos an die Fakten des entfremdeten Arbeitsalltags an.

Dazu muß ein grundsätzliches Problem der medialen Vermittlung gelöst werden: Das eingeschaltete Licht im Kino signalisierte den Abbruch der medialen Erfahrungsvermittlung. Diese sollte aber so ausgebaut werden, daß sie erstens nicht mehr in Opposition zur Arbeit stand und zweitens als kontinuierliche Scheinerfahrung lediglich den Blick auf eine phantomisierte Welt zuließ. Dazu mußte der gravierendste Nachteil dieser Vermittlung behoben werden, die Bindung der Vermittlung an bestimmte Orte. Als Angebot kommt die Bilderrevue heute über den Fernseher zu den einzelnen Rezipienten. Diese sehen nicht mehr nur einen Film, sondern ein *Programm,* das sie sich zudem selbst zusammenstellen können. Durch den Einsatz von Videorecordern wird der Zeitpunkt der Rezeption nicht länger vorgeschrieben. Man kann den ganzen Tag über sehen und sich selbst die Abfolge des Programms zurechtlegen. Die Bilderrevue begleitet den Rezipienten durch seine freie Zeit. Die Revue selbst wird zum Synonym für Freizeit.

Die Bilderrevue, die vorgibt, ständig mit dem Neuesten aus aller Welt zu informieren, kann ihren eigenen Ansprüchen allerdings nicht mehr gerecht werden. Sie operiert zwar mit Information, doch diese erreicht unser Bewußtsein nicht mehr. In der Form von aneinandergereihten Bildern zielen diese Informationen nicht mehr auf autonome Individuen, sondern auf eine anonyme Masse, der das Gezeigte als Orientierungshilfe dient. In der Orientierung, dem Festsetzen von Normen, haben die neuen Medien das *Informieren* gegen das *Dirigieren* ausgetauscht. Sie bestimmen die Regeln gesellschaftlicher Umgangsformen, politischen Denkens und Handelns. Indem sie zum wichtigsten Vermittler von (Schein-)Erfahrung werden, erzwingen sie, daß wir uns nicht nur dem Inhalt dieser Erfahrung anpassen, sondern auch der Form ihrer Vermittlung. Indem Bilder die Zusammenhänge dessen, was sie zeigen, nicht oder nur unzulänglich erklären können, ist auch unser Wissen über sie reduziert. Verglichen mit der sprachlichen Artikulation ist die Bildersprache der Fotografie eher die zusammenhanglose Addition von Einzelwörtern, ein Zustand, der eher mit Spracherwerb als mit geübtem Sprachgebrauch zu kennzeichnen wäre. Indem die technisierte Gesellschaft die intellektuelle Kommunikation auf den Austausch von Bildern beschränkt (der im fortgeschrittenen Stadium der Kulturindustrie nur noch ein einseitiger Bilderkonsum ist), bewegt sie sich intellektuell auf der Ebene frühkindlicher Artikulation. Die Dominanz der Bilder kennzeichnet ein Moment der Regression, dem unser Denken und Handeln unterworfen wird. Schwierige Probleme werden nicht nur auf dem Niveau von Kindern erklärt, »verkauft«, wie die Manager der Kulturindustrie deutlicher sagen, sondern die Rezipienten reagieren auf sie wie Kinder. Für die simplifizierten Probleme bieten sich einfache Lösungen an.

Kritiker mögen einwenden, daß es an jedem selbst liegt, die eigene Regression zu verhindern, daß jeder für sich den Fluß der Bilder bestimmen kann, daß alle die Freiheit besitzen, Radio und Fernseher abzuschalten. Für sie muß Adornos Unterstellung, daß die Güter der Kulturindustrie zwangskonsumiert werden, als übertrieben erscheinen. Scheinbar ist es tatsächlich so, daß jeder für sich die Menge der konsumierten Bilder bestimmen kann. Indem die Bilder aber zu einem Teil der (sozialen) Wirklichkeit geworden sind, zieht man sich aus einem der gesellschaftlich herausragendsten Bereiche zurück, sobald man sich dem »Zwangskonsum« verweigert.

31 Werbung der Niedersächsischen Landesregierung für das Bildtelefon

Doch die Vereinnahmung geht noch weiter: »Daß im Rundfunk und zuweilen auch im Fernsehen auch das Avantgardistische, also das eigentlich Esoterische, eine gewisse Rolle spielt, das ist zwar wahr; aber es fragt sich nun, welche Funktion dem Avantgardistischen, da es uns als Lieferware erreicht und nichts Gewagtes oder Konspiratives mehr an sich hat, zukommt. Antwort – und dies gilt sogar für die erwartungsvoll und intakt dargebotenen Stücke: Sie werden *entschärft*. Denn durch die Tatsache der Lieferung fügen sie sich bereits in die Klasse des Anerkannten ein, noch ehe sie von uns, dem Publikum, erkannt sind ... Der Konformismus stellt heute selbst für das Unkonformistische eine Chance dar. Da dieses gewissermaßen in der gleichen Verpackung ankommt, wie die reputierliche oder die Unterhaltungsware zur Rechten oder zur Linken, oder wie die vorgekaut gelieferte Tageswelt, nehmen wir das Unkonformistische nicht in der Attitüde der Auseinandersetzung auf, sondern eben als Konsumenten, die schlucken ...«[152]

Die neuen Medien addieren sich zu einem System, in dem die reale Welt ohne Tabus und Einschränkungen perpetuiert wird. In diesem Perpetuum ist sie dann zur Harmlosigkeit hochstilisiert. Diese Harmlosigkeit, dieses Ausbleiben jeder Konsequenz, hat eine Reihe von Ursachen, wie den Warencharakter, die Massenhaftigkeit, die lediglich Konsum provoziert, den Mangel an Eindeutigkeit aber auch das Unsichtbarwerden der Medien und die Regression, die dieses Unsichtbarwerden hervorruft. Von der Fotografie hat sich der Imperialismus der Medien die Auflösung von Raum und Zeit, die »Industrialisierung des Blicks« bewahrt. Wenn die Fotografie in der Medienentwicklung inzwischen zum Anachronismus geworden ist, so besteht doch ihre größte Leistung darin, die Weiche von der vorindustriellen Wahrnehmung zur industriellen gestellt zu haben. Mit den Konsequenzen müssen wir tagtäglich kämpfen: Das Bild ist zur »Hauptkategorie unseres heutigen Daseins« geworden. »Wer nur hört, aber nicht spricht und grundsätzlich nicht widersprechen kann, der wird nicht nur ›passivisiert‹, sondern eben ›hörig‹ und unfrei gemacht. Dieser Freiheitsverlust geht aber so vor sich, daß wir nun, im Unterschiede zu den Sklaven seligen Angedenkens, sogar der Freiheit beraubt sind, den Freiheitsverlust zu bemerken. Denn die ›Hörigkeit‹ wird uns ja als Unterhaltungsware und als Bequemlichkeit ins Haus gebracht und vorgesetzt ... Je weniger wir uns in Entscheidungen, die uns wirklich etwas angehen, einmischen sollen, um so maßloser werden wir in Dinge ›eingemischt‹, die uns überhaupt nichts angehen ...«[153]

Anmerkungen

1 Zit. nach: Baier, Wolfgang: Geschichte der Fotografie, München 1977, S. 76
2 Vgl. u. a. Billeter, Erika: Malerei und Photographie im Dialog von 1840 bis heute, Bern 1977
3 Adorno, Theodor W.: Gesammelte Schriften, Bd. 10/2: Kulturkritik und Gesellschaft II, Frankfurt 1977, S. 530
4 Balázs, Béla: Der Film, Werden und Wesen einer neuen Kunst, Wien 1976, S. 13
5 Vgl. Kemp, Wolfgang (Hg.): Theorie der Fotografie Bd. I–III, München 1983. Der Autor unternimmt den wichtigen Versuch, möglichst alle verstreuten Texte zu diesem Thema zusammenzutragen, kommt jedoch ohne einen Hinweis auf den Komplex der Kulturindustrie und die Autoren, die sich ihrer angenommen haben, aus.
6 Vgl. Ugo Mulas fotografo, Katalog der Kunsthalle Basel, Basel 1974
7 Um diese Fallstudie in einen breiteren historischen Kontext einzubetten, müßten noch weitere Untersuchungen folgen, die sich anderen Orten fotografischer Praxis nähern. Solche Bereiche könnten z. B. die Entwicklung der Amateurfotografie, die Einführung der Kleinbildfotografie und ihre Bedeutung für die Presse oder die Konkurrenz zwischen elektronischem Bild und Farbfotografie sein.
8 Kracauer, Siegfried: Theorie des Films, Frankfurt 1973, vgl. S. 45; ders.: Das Ornament der Masse, Frankfurt 1977, S. 21–39
9 Benjamin, Walter: Das Kunstwerk im Zeitalter seiner technischen Reproduzierbarkeit, Frankfurt 1970
10 Sontag, Susan: Über Fotografie, München 1978
11 Freund, Gisèle: Photographie und Gesellschaft, München 1976
12 Die 1936 fertiggestellte Dissertation ist heute nur in einer überarbeiteten Fassung und mit einem veränderten Titel lieferbar. Der ursprüngliche Titel des Buches »La photographie en France au XIXe siècle. Etude de sociologie et d'esthétique« läßt noch eine andere Gewichtung erkennen.
13 Vgl. Sontag: a. a. O., S. 9ff.
14 Ebd., S. 27f.
15 Ebd., S. 28
16 Anders, Günther: Die Antiquiertheit des Menschen, Bd. 2: Über die Zerstörung des Lebens im Zeitalter der dritten industriellen Revolution, München 1981, S. 250
17 Ebd., S. 252
18 Ebd., S. 256
19 Vgl. Oettermann, Stephan: Das Panorama. Die Geschichte eines Massenmediums, Frankfurt 1980
20 Titze, Hartmut: Die Politisierung der Erziehung, Frankfurt 1973, S. 159
21 Vgl. Hauser, Arnold: Sozialgeschichte der Kunst und Literatur, München 1953, S. 272
22 Mähl, Hans-Joachim: Nachwort zu Brant, Sebastian: Das Narrenschiff, Stuttgart 1964, S. 502f.
23 Huizinga, Johan: Herbst des Mittelalters, Stuttgart 1975, S. 429f.
24 Vgl. ebd., S. 439ff.
25 Kracauer: Theorie ..., a. a. O., S. 218

26 Vgl. Körner, Hans: Der früheste deutsche Einblattholzschnitt, Mittenwald 1979
27 Geese, Uwe: Eintritt frei, Kinder die Hälfte. Kulturgeschichtliches vom Jahrmarkt, Marburg 1981, S. 26
28 Ebd., S. 33
29 Keyser, Marja: Hochverehrtes Publikum. Ein Streifzug durch die Zirkusgeschichte; in: Merkert, Jörn (Hg.): Zirkus Circus Cirque, Berlin 1978, S. 14
30 Bose, Günter, und Brinkmann, Erich: Circus. Geschichte und Ästhetik einer niederen Kunst, Berlin 1978, S. 23
31 Geese: a. a. O., S. 40
32 Keyser: a. a. O., S. 12
33 Bose und Brinkmann: a. a. O., S. 26
34 Kourist, Werner: 400 Jahre Zoo, Bonn 1976, S. 17
35 Ebd., S. 59
36 Ankündigung der Schaustellung eines Dromedars, Anfang des 17. Jahrhunderts; zit. nach Kourist: a. a. O., S. 36
37 Petzoldt, Leander: Soziale Bedingungen des Bänkelsangs, Probleme und Beispiele; in: Lechzend nach Tyrannenblut. Ballade, Bänkelsang, Song; Kolloquium über das populäre und das politische Lied, Berlin 1972, S. 14
38 Ebd., S. 14f.
39 Petzoldt, Leander: Bänkelsang. Vom historischen Bänkelsang zum literarischen Chanson, Stuttgart 1974, S. 59
40 Mottek, Hans: Wirtschaftsgeschichte Deutschlands. Ein Grundriß, Bd. II, Berlin 1978, S. 17f.
41 Vgl. ebd., S. 198
42 Ebd., S. 194
43 Zit. nach ebd., S. 198f.
44 Marx, Karl, und Engels, Friedrich: Manifest der Kommunistischen Partei, Stuttgart 1969, S. 50
45 Marx-Engels-Werke, Bd. 23, Berlin 1977, S. 381f.
46 Bernal, John Desmond: Sozialgeschichte der Wissenschaften, Science in History, Bd. 2, Reinbek 1970, S. 507f.
47 Buddemeier, Heinz: Panorama, Diorama, Photographie. Entstehung und Wirkung neuer Medien im 19. Jahrhundert, München 1970, S. 34
48 Liehr, Günter: Menschenbilder - Bildermenschen; in: Honnef, Klaus (Hg. in Zusammenarbeit mit Thorn-Prikker, Jan): Lichtbildnisse. Das Portrait in der Fotografie, Köln 1982, S. 536
49 Junker, Almut: Paul Hoffmann und seine Laterna-magica-Bilder; in: Laterna magica - Vergnügen, Belehrung, Unterhaltung (Kleine Schriften des Historischen Museums, Bd. 14), Frankfurt 1981, S. 17
50 Simkin, Michael: Mr. Albert Smith, ein englischer Showman des 19. Jahrhunderts; in: ebd., S. 56
51 Vgl. Oettermann: a. a. O., S. 77ff.
52 Ebd., S. 15
53 Ebd., S. 17
54 Ebd., S. 19

55 Ebd., S. 185
56 Zit. nach Baier: a. a. O., S. 168f.
57 Schivelbusch, Wolfgang: Geschichte der Eisenbahnreise. Zur Industrialisierung von Raum und Zeit im 19. Jahrhundert, Frankfurt/Berlin/Wien 1979, S. 38
58 Vgl. ebd., S. 51ff.
59 Ebd., S. 62
60 Zola, Emile: Paradies der Damen, München 1976, S. 79
61 Stresemann, Gustav: Die Warenhäuser. Ihre Entstehung, Entwicklung und wirtschaftliche Bedeutung; zit. nach Strohmeyer, Klaus: Warenhäuser. Geschichte, Blüte und Untergang im Warenmeer, Berlin 1980, S. 7f.
62 Adorno: a. a. O., Bd. 10/1, S. 337f.
63 Vgl. u. a. Peters, Ursula: Stilgeschichte der Fotografie in Deutschland 1839–1900, Köln 1979
64 Zit. nach Baier: a. a. O., S. 73
65 Elias, Norbert: Die höfische Gesellschaft, Darmstadt 1981, S. 394
66 Rühle, Otto: Illustrierte Kultur- und Sittengeschichte des Proletariats, Bd. 1, Frankfurt 1971, S. 16
67 Freund: a. a. O., S. 13f.
68 Peters: a. a. O., S. 28
69 Vgl. Buddemeier: a. a. O.
70 Glaser, Hermann: Maschinenwelt und Alltagsleben. Industriekultur in Deutschland vom Biedermeier bis zur Weimarer Republik, Frankfurt 1981, S. 84
71 Ebd., S. 85
72 Freund: a. a. O., S. 42
73 Ebd., S. 49
74 Ebd., S. 45
75 Ebd., S. 46
76 Ebd., S. 42
77 Nadar: Als ich Photograph war, Frauenfeld 1978, S. 142
78 Loetscher, Hugo: Photographopolis, in: ebd., S. 12
79 Freund: a. a. O., S. 48
80 Marx-Engels-Werke, a. a. O., Bd. 23, S. 53
81 Freund: a. a. O., S. 48
82 Nadar: a. a. O., S. 155
83 Vgl. Freund: a. a. O., S. 48
84 Nadar: a. a. O., S. 149
85 Ebd., S. 153
86 Freund: a. a. O., S. 68
87 Vgl. Baier: a. a. O., S. 507f.
88 Vgl. ebd., S. 507
89 Lacan, Ernest; zit. nach ebd.
90 Nadar: a. a. O., S. 153f.
91 Vgl. Marx, Karl: Der achtzehnte Brumaire des Louis Bonaparte, Berlin 1974, S. 15
92 Freund: a. a. O., S. 68
93 Vgl. Marx: a. a. O., S. 71

94 Die Geschichte der Firma Ed. Liesegang, Düsseldorf 1929; zit. nach Neumann, Thomas: Sozialgeschichte der Fotografie, Neuwied/Berlin 1966, S. 47
95 Freund: a. a. O., S. 68
96 Buddemeier: a. a. O., S. 138
97 Vgl. Sontag: a. a. O., S. 17
98 Freund: a. a. O., S. 74
99 Walter Benjamin: Kleine Geschichte der Photographie (1931), in: Benjamin: a. a. O., S. 77
100 Neumann: a. a. O., S. 48
101 Anonym; zit. nach Baier: a. a. O., S. 508
102 Vgl. Baier: a. a. O., S. 518
103 Neumann: a. a. O., S. 55
104 Keller, Ulrich: Die deutsche Portraitfotografie von 1918 bis 1933, in: Keller, Ulrich / Molderings, Herbert / Ranke, Winfried: Beiträge zur Geschichte und Ästhetik der Fotografie, Gießen/Lahn 1977, S. 39
105 Glaser: a. a. O., S. 132
106 Habermas, Jürgen: Strukturwandel der Öffentlichkeit, Darmstadt 1978, S. 200
107 Ebd., S. 200
108 Ebd., S. 200
109 Zit. nach Kemp: a. a. O., Bd. I, S. 47
110 Zit. nach Baier: a. a. O., S. 76
111 Benjamin: a. a. O., S. 12
112 Ebd., S. 16
113 Vgl. Buddemeier: a. a. O., S. 45
114 Marx-Engels-Werke, a. a. O., Bd. 23, S. 445
115 Ebd., S. 445 f.
116 Kracauer: Theorie . . ., a. a. O., S. 45
117 Benjamin: a. a. O., S. 41 f.
118 Thorn-Prikker, Jan: Kennzeichen D, in: Camera Austria, 1982, Nr. 7, S. 58
119 Vgl. Kracauer: Theorie . . ., a. a. O., S. 45
120 Vgl. Mulas: a. a. O.
121 Anders: a. a. O., S. 251
122 Bazin, André: Was ist Kino?, Köln 1975, S. 24
123 Ebd., S. 24
124 Ebd., S. 23
125 Vgl. Benjamin: a. a. O., S. 16 ff.
126 Ebd., S. 14
127 Vgl. Honnef, Klaus (Hg. in Zusammenarbeit mit Thorn-Prikker, Jan): Faltblatt zur Ausstellung »Lichtbildnisse. Das Portrait in der Fotografie«, Rheinisches Landesmuseum Bonn, Bonn 1982
128 Anders: a. a. O., S. 250
129 Kracauer: Das Ornament . . ., a. a. O., S. 34
130 Kracauer: Theorie . . ., a. a. O., S. 45
131 In diesem Zusammenhang wäre die Rezeption der Muybridge-Fotografien neu zu untersuchen. Bislang sind nur unzulängliche Antworten auf die Beweggründe des

Fotografen für derartige Bildstudien gegeben worden, die Muybridge lediglich als besessenen Tüftler und Amateur beschreiben. Sigfried Giedion hat (in: Die Herrschaft der Mechanisierung, Frankfurt 1982, S. 47) erstmals auf die soziale Bedeutung derartiger Foto-Bewegungsstudien hingewiesen, indem er sie in den Kontext der Rationalisierung von Arbeit, von Taylorisierung brachte: die segmentierte Bewegung als Orientierung für den segmentierten Arbeitsprozeß.

132 Talbot, Henry Fox: Der Stift der Natur (1844); zit. nach Kemp: a.a.O., Bd. I, S. 60

133 Vgl. Kracauer: Das Ornament ..., a. a. O., S. 25f.

134 Ebd., S. 21ff.

135 Moholy-Nagy, Laszlo; zit. nach Sontag: a. a. O., S. 182

136 Vgl. Bardenheuer, Herbert: Wie seh' ich denn da aus? – Unheimliche Begegnung mit der zweiten Dimension, München 1979

137 Kracauer: Das Ornament ..., a. a. O., S. 26

138 Kurowski, Ulrich: Lexikon Film, München 1972, S. 69f.

139 Anders: a. a. O., S. 250

140 Platon: Der Staat, Leipzig 1931, S. 206

141 Vgl. Scheurer, Hans J.: Gelegenheitsarbeit einer Sklavin, Über die Verfügbarkeit der Fotografie, in: Gegen die Indifferenz der Fotografie, Bielefelder Symposien ... 1979–85, hg. v. der Fachhochschule Bielefeld, Düsseldorf 1986

142 Bazin: a. a. O., S. 23

143 Horkheimer, Max, und Adorno, Theodor W.: Dialektik der Aufklärung, Frankfurt 1969, S. 113

144 Benjamin: a. a. O., S. 32

145 Ebd., S. 40

146 Adorno, Theodor W.: Theorie der Halbbildung; in: Ders., Gesellschaftstheorie und Kulturkritik, Frankfurt 1975, S. 77

147 Adorno, Theodor W.: Resümee über Kulturindustrie, in: Ders., Gesammelte Schriften, Bd. 10/1: Kulturkritik und Gesellschaft I, Frankfurt 1977

148 Ebd., S. 338f. In diesem Zusammenhang müßte Benjamins Polemik gegen das Buch von Albert Renger-Patzsch »Die Welt ist schön« neu rezipiert werden. Der Hinweis der Fotohistoriker, daß der Buchtitel gegen den Willen des Autors gewählt wurde, reicht zur Rehabilitation der neusachlichen Fotografie mit ihrer starken Abhängigkeit von Formalismen nicht aus. Die Titelwahl mag, wie die Fotohistoriker behaupten, im Widerspruch zum Selbstverständnis des Fotografen stehen, nicht aber zu seiner Fotografie, die in ihrer Ausschnitthaftigkeit die Zusammenhänge vernachlässigt und lediglich jenes »unkritische Einverständnis« produziert.

149 Kracauer: Das Ornament ..., a. a. O., S. 34

150 Horkheimer und Adorno: a. a. O., S. 19

151 Vgl. Oettermann, Stephan: Die Schaulust am Elefanten, Frankfurt 1982. Das Buch verfolgt die Geschichte der Schaustellung von Elefanten in unserem Kulturkreis. Ihr Erscheinen hat die Menschen bis ins 19. Jahrhundert hinein zu phantastischen Mutmaßungen animiert, die – nicht selten gegen besseres (Fakten-)Wissen weit über das Faktische hinauszielten.

152 Anders: a. a. O., S. 255

153 Ebd., S. 253

Literaturverzeichnis

Adorno, Theodor W.: Gesammelte Schriften, Bd. 10/1 u. 10/2: Kulturkritik und Gesellschaft I u. II, Frankfurt 1977

Ders.: Gesellschaftstheorie und Kulturkritik, Frankfurt 1975

Anders, Günther: Die Antiquiertheit des Menschen, Bd. 2: Über die Zerstörung des Lebens im Zeitalter der dritten industriellen Revolution, München 1981

Baier, Wolfgang: Geschichte der Fotografie, München 1977

Balázs, Béla: Der Film, Werden und Wesen einer neuen Kunst, Wien 1976

Bardenheuer, Herbert / Beifuß Hartmut / Fehr, Michael: Wie seh' ich denn da aus? – Unheimliche Begegnung mit der zweiten Dimension, München 1979

Bazin, André: Was ist Kino? Bausteine zur Theorie des Films, hg. v. Hartmut Bitomsky u. a., Köln 1975

Benjamin, Walter: Das Kunstwerk im Zeitalter seiner technischen Reproduzierbarkeit – drei Studien zur Kunstsoziologie, Frankfurt 1970

Bernal, John Desmond: Sozialgeschichte der Wissenschaften, Science in History, Bd. 2, Reinbek 1970

Billeter, Erika: Malerei und Photographie im Dialog von 1840 bis heute, Bern 1977

Blossfeldt, Karl: Das fotografische Werk 1865–1932, München 1981

Bose, Günther, und Brinkmann, Erich: Circus – Geschichte und Ästhetik einer niederen Kunst, Berlin 1978

Buddemeier, Heinz: Das Foto. Geschichte und Theorie der Fotografie als Grundlage eines neuen Urteils, Reinbek 1981

Ders.: Panorama, Diorama, Photographie. Entstehung und Wirkung neuer Medien im 19. Jahrhundert, München 1970

Elias, Norbert: Die höfische Gesellschaft. Untersuchungen zur Soziologie des Königtums und der höfischen Aristokratie, Darmstadt 1981

Freund, Gisèle: Photographie und Gesellschaft, München 1976

Geese, Uwe: Eintritt frei, Kinder die Hälfte. Kulturgeschichtliches vom Jahrmarkt, Marburg 1981

Gernsheim, Helmut, in Zusammenarbeit mit Alison Gernsheim: Die Fotografie, Wien/München/Zürich 1971

Giedion, Sigfried: Die Herrschaft der Mechanisierung – Ein Beitrag zur anonymen Geschichte, Frankfurt 1982

Glaser, Hermann: Maschinenwelt und Alltagsleben. Industriekultur in Deutschland vom Biedermeier bis zur Weimarer Republik, Frankfurt 1981

Gosling, Nigel: Nadar, Photograph berühmter Zeitgenossen, München 1976

Habermas, Jürgen: Strukturwandel der Öffentlichkeit, Darmstadt 1978

Haberkorn, Heinz: Anfänge der Fotografie – Entstehungsbedingungen eines neuen Mediums, Reinbek 1981

Hauser, Arnold: Sozialgeschichte der Kunst und Literatur, München 1953

Honnef, Klaus: Albert Renger-Patzsch Fotografien 1925–1960, Bonn 1977

Ders. (Hg. in Zusammenarbeit mit Thorn-Prikker, Jan): Lichtbildnisse. Das Portrait in der Fotografie. Katalog zur Ausstellung im Rheinischen Landesmuseum Bonn, Köln 1982

Horkheimer, Max, und Adorno, Theodor W.: Dialektik der Aufklärung - Philosophische Fragmente, Frankfurt 1969
Huizinga, Johan: Herbst des Mittelalters - Studien über Lebens- und Geistesformen des 14. und 15. Jahrhunderts in Frankreich und in den Niederlanden, Stuttgart 1975
Keller, Ulrich / Molderings, Herbert / Ranke, Winfried: Beiträge zur Geschichte und Ästhetik der Fotografie, Gießen/Lahn 1977
Kemp, Wolfgang (Hg.): Theorie der Fotografie, Bd. I-III, München 1980-1983
Kempe, Fritz: Kunstfotografie in Deutschland um 1900. Stuttgart 1982
Kersting, Marianne: Die Diktatur der Fotografie, München 1980
Körner, Hans: Der früheste deutsche Einblattholzschnitt, Mittenwald 1979
Kracauer, Siegfried: Das Ornament der Masse, Essays, Frankfurt 1977
Kourist, Werner: 400 Jahre Zoo, Katalog zur Ausstellung im Rheinischen Landesmuseum Bonn, 1976/77, Bonn 1976
Ders.: Theorie des Films. Die Errettung der äußeren Wirklichkeit (Schriften, Bd. 3), Frankfurt 1973
Kurowski, Ulrich: Lexikon Film - 100 × Geschichte, Technik, Theorie, Namen, Daten, Fakten, München 1972
Laterna magica - Vergnügen, Belehrung, Unterhaltung (Kleine Schriften des Historischen Museums, Bd. 14), Frankfurt 1981
Lechzend nach Tyrannenblut. Ballade, Bänkelsang, Song; Kolloquium über das populäre und das politische Lied, Berlin 1972
Marx, Karl: Der achtzehnte Brumaire des Louis Bonaparte, Berlin 1974
Ders. und Engels, Friedrich: Manifest der Kommunistischen Partei, Stuttgart 1969
Dies.: Werke, Bd. 23, Berlin 1977
Merkert, Jörn (Hg.): Zirkus Circus Cirque, Berlin 1978
Metken, Günter: Herbert List Photographien 1930-1970, München 1976
Mottek, Hans: Wirtschaftsgeschichte Deutschlands. Ein Grundriß, Bd. II, Berlin 1978
Nadar: Als ich Photograph war, Frauenfeld 1978
Neumann, Thomas: Sozialgeschichte der Fotografie, Neuwied/Berlin 1966
Oettermann, Stephan: Das Panorama. Die Geschichte eines Massenmediums, Frankfurt 1980
Ders.: Die Schaulust am Elefanten. Eine Elephantographia curiosa, Frankfurt 1982
Peters, Ursula: Stilgeschichte der Fotografie in Deutschland 1839-1900, Köln 1979
Petzoldt, Leander: Bänkelsang. Vom historischen Bänkelsang zum literarischen Chanson, Stuttgart 1974
Platon: Der Staat, Leipzig 1931
Richter, Hans: Filmgegner von heute - Filmfreunde von morgen, Frankfurt 1981
Rühle, Otto: Illustrierte Kultur- und Sittengeschichte des Proletariats, Bd. 1, Frankfurt 1971
Sontag, Susan: Über Fotografie, München 1978
Scheurer, Hans J.: Gelegenheitsarbeit einer Sklavin. Über die Verfügbarkeit der Fotografie, in: Gegen die Indifferenz der Fotografie, Bielefelder Symposien ... 1979-85, hg. v. der Fachhochschule Bielefeld, Düsseldorf 1986
Schivelbusch, Wolfgang: Geschichte der Eisenbahnreise. Zur Industrialisierung von Raum und Zeit im 19. Jahrhundert, Frankfurt/Berlin/Wien 1979

Strohmeyer, Klaus: Warenhäuser. Geschichte, Blüte und Untergang im Warenmeer, Berlin 1980
Thorn-Prikker, Jan: Kennzeichen D, in: Camera Austria, 1982, Nr. 7
Titze, Hartmut: Die Politisierung der Erziehung, Frankfurt 1973
Weiermair, Peter: Photographie als Kunst 1879–1979, Kunst als Photographie 1949–1979, Innsbruck 1979
Zola, Emile: Paradies der Damen, München 1976

Abbildungsnachweis

Agfa-Gevaert-Historama, Museum Ludwig, Köln Abb. 18
Bildarchiv Foto Marburg Frontispiz, Abb. 1, 6, 9, 10, 14–16
The Fox Talbot Museum, Lacock Abb. 22
Gernsheim Collection, Harry Ransom Humanities Research Center, University of Texas at Austin Abb. 12
International Museum of Photography at George Eastman-House, Rochester Abb. 19, 21
Markt- und Schaustellermuseum, Essen Abb. 3–5
National Museum of American History, Smithsonian Institution, Washington, D.C. (Foto: Fotofolio, New York) Umschlagvorderseite
Photography Collection, Art Institute of Chicago Abb. 8 (1959.859)
Timm Rautert, Essen Abb. 23–29
Rheinisches Bildarchiv, Köln Abb. 2, 7, 11, 13, 17
Sven Simon Fotoagentur GmbH, Essen Abb. 30

Alle übrigen Abbildungen entstammen dem Archiv des Autors.

Nichts erinnert mehr an Frieden

Bilder einer zerstörten Stadt

Von Hermann Claasen. Herausgegeben von Hans J. Scheurer und Jan Thorn-Prikker. 208 Seiten mit 169 einfarbigen Abbildungen nach Schwarzweiß-Fotografien sowie Texten von Theodor Adorno, Heinrich Böll, Günter Eich, Josef Fischer, Walter Hilsbecher, Günter Kunert, Luise Rinser, Hermann Stahl und Peter Weiss, Leinen mit Schutzumschlag

»Seine noch im Krieg erlebten Fotos hat Hermann Claasen heimlich, unter Lebensgefahr und zur Überwindung seiner Angst aufgenommen. So teilen seine Bilder zugleich Emotion mit, die wiederum das Spontane, die Direktheit und Unmittelbarkeit seiner Aufnahmen bestimmen.« *Die Zeit*

Surrealistische Photographie

Zwischen Traum und Wirklichkeit

Von Edouard Jaguer. 224 Seiten mit 285 einfarbigen Reproduktionen nach Werken von 130 Photographen, Bibliographie, Index, Leinen mit Schutzumschlag

»Der Autor des Buches hat eine Dokumentation zusammengestellt, welche ›die Begegnung zwischen Surrealismus und Photographie in vollem Sinn des Wortes illustriert‹. Jaguer wollte einen kunsthistorischen ›Photoroman‹ machen als einer, der ›das Thema wie ein Freund begleitet‹ und ihm nicht ›wie ein Tourist gegenüber steht‹. Das ist ihm gelungen. Sowohl durch die Zusammenstellung des Bildteiles, dem biographische Textzusammenhänge beigegeben sind, wie auch bei der Formulierung des Vorwortes, das natürlich kenntnisreich-fröhlich-vertrackt selbst surrealistisches Leben spiegelt.« *Die Zeit*

Albert Renger-Patzsch
Ruhrgebiet-Landschaften 1927–1935

Herausgegeben von Ann und Jürgen Wilde. Mit einem Text von Dieter Thoma ›Im Ruhrgebiet‹. 176 Seiten mit 100 einfarbigen Abbildungen nach Schwarzweiß-Fotografien, 6 Persönlichkeits-Fotos, Leinen mit Schutzumschlag

»Der Fotograf Albert Renger-Patzsch hat die Schönheit des Ruhrgebiets meisterlich festgehalten, in Bildern, in denen keine Menschen zu sehen sind, die aber so stark in ihrer Aussage sind, daß man sich immer mehr in sie vertieft, neue Dinge sieht, andere Aspekte entdeckt, erstaunt ist über den Zauber dieser Landschaften.« *Neue Osnabrücker Zeitung*